Cuentos de la guerra civil

*La lengua de las mariposas, Los girasoles ciegos,
Un encuentro y otros cuentos*

Espacios literarios **Cuentos de la guerra civil**

La lengua de las mariposas, Los girasoles ciegos, Un encuentro y otros cuentos

Bearbeitung: Katja Zerck
Verlagsredaktion: Dr. Katharina Einert
Umschlaggestaltung: werkstatt für gebrauchsgrafik, Berlin
Layout und technische Umsetzung: Straive

Quellenverzeichnis:
Abbildungen: **Cover** Shutterstock.com/David Pellicer Serra

Text: **S. 5** Manuel Rivas, **S. 25** José Jiménez Lozano, **S. 33** Javier Alfaya, **S. 47** Alberto Méndez

Abkürzungen:

a/c	alguna cosa	f.	femenino	jdm	jemandem
alg.	alguien	fig.	figurativo	jdn	jemanden
col.	coloquial	lat.	latín	lit.	literario
dim.	diminutivo	loc.	locución	peyor.	peyorativo
fam.	familiar	etw.	etwas	vulg.	vulgar

www.cornelsen.de

Die Webseiten Dritter, deren Internetadressen in diesem Lehrwerk angegeben sind, wurden vor Drucklegung sorgfältig geprüft. Der Verlag übernimmt keine Gewähr für die Aktualität und den Inhalt dieser Seiten oder solcher, die mit ihnen verlinkt sind.

1. Auflage, 1. Druck 2022

© 2022 Cornelsen Verlag GmbH, Berlin

Druck: H. Heenemann, Berlin

ISBN 978-3-06-0219711

PEFC zertifiziert
Dieses Produkt stammt aus nachhaltig
bewirtschafteten Wäldern und kontrollierten
Quellen.

www.pefc.de

PEFC/04-31-1156

Cuentos de la guerra civil
La lengua de las mariposas, Los girasoles ciegos,
Un encuentro y otros cuentos

Manuel Rivas
La lengua de las mariposas

«¿Qué hay, Pardal? Espero que por fin este año podamos ver la lengua de las mariposas.»

El maestro aguardaba[1] desde hacía tiempo que les enviasen un microscopio a los de la Instrucción Pública[2]. Tanto nos hablaba
5 de cómo se agrandaban las cosas menudas[3] e invisibles por aquel aparato que los niños llegábamos a verlas de verdad, como si sus palabras entusiastas tuviesen el efecto de poderosas lentes[4].

«La lengua de la mariposa es una trompa[5] enroscada[6] como un muelle de reloj[7]. Si hay una flor que la atrae, la desenrolla y la mete en
10 el cáliz[8] para chupar. Cuando lleváis el dedo humedecido a un tarro[9] de azúcar, ¿a que sentís ya el dulce en la boca como si la yema[10] fuese la punta de la lengua[11]? Pues así es la lengua de la mariposa.»

Y entonces todos teníamos envidia[12] de las mariposas. Qué maravilla. Ir por el mundo volando, con esos trajes de fiesta[13], y parar en
15 flores como tabernas con barriles[14] llenos de almíbar[15].

---

1 aguardar: esperar
2 los de la Instrucción Pública: *aquí* los profesores, los maestros
3 menudo/-a: muy pequeño/-a
4 la lente: Linse, *hier* Vergrößerungsglas
5 la trompa: Saugrüssel (der Schmetterlinge)
6 enroscar: zusammenrollen, aufrollen
7 el muelle de reloj: Uhrfeder
8 el cáliz: Blütenkelch
9 el tarro: *aquí* vaso
10 la yema (de un dedo): Fingerkuppe
11 la punta de la lengua: Zungenspitze
12 tener envidia: neidisch sein, beneiden
13 el traje de fiesta: festliches Kostüm, *hier* die Farbenpracht der Schmetterlingsflügel
14 el barril: Fass
15 el almíbar: Sirup

Yo quería mucho a aquel maestro. Al principio, mis padres no podían creerlo. Quiero decir que no podían entender cómo yo quería a mi maestro. Cuando era un pequeñajo[1], la escuela era una amenaza terrible. Una palabra que se blandía[2] en el aire como una vara de mimbre[3].

«¡Ya verás cuando vayas a la escuela!»

Dos de mis tíos, como muchos otros jóvenes, habían emigrado a América para no ir de quintos[4] a la guerra de Marruecos[5]. Pues bien, yo también soñaba con ir a América para no ir a la escuela. De hecho, había historias de niños que huían al monte para evitar aquel suplicio[6]. Aparecían[7] a los dos o tres días, ateridos[8] y sin habla, como desertores del Barranco del Lobo[9].

Yo iba para seis años y todos me llamaban Pardal[10]. Otros niños de mi edad ya trabajaban. Pero mi padre era sastre[11] y no tenía tierras ni ganado[12]. Prefería verme lejos que no enredando[13] en el pequeño taller de costura[14]. Así pasaba gran parte del día correteando[15] por la Alameda[16], y fue Cordeiro, el recogedor de basura y hojas secas, el que me puso el apodo[17]: «Pareces un pardal».

---

1   el pequeñajo: *fam.* Knirps, kleiner Kerl
2   blandirse: hin- und herschwingen
3   la vara de mimbre: Weidenrute, *hier* Schlagstock
4   ir de quinto: zum Kriegsdienst einberufen werden
5   la guerra de Marruecos: Rifkrieg (1921–1926); Konflikt zwischen Spanien und nordafrikanischen Stämmen auf dem Gebiet des heutigen Marokkos
6   el suplicio: tortura, sufrimiento
7   aparecer: *hier* wieder auftauchen, zurückkommen
8   aterido/-a: starr vor Kälte
9   el Barranco del Lobo: als «Desastre del Barranco del Lobo» wird eine verlustreiche Niederlage der spanischen Truppen im Vorfeld des Rifkrieges bezeichnet, die sich am 27.7.1909 in der Nähe Melillas ereignete.
10   el pardal (gallego): Spatz, Sperling
11   el sastre: Schneider
12   el ganado: Vieh
13   enredar: *aquí* jugar
14   el taller de costura: Schneiderwerkstatt
15   corretear: jugar corriendo
16   la Alameda: Allee, *hier* Hauptstraße des Ortes
17   el apodo: Spitzname

Creo que nunca he corrido tanto como aquel verano anterior a mi ingreso en la escuela. Corría como un loco y a veces sobrepasaba el límite de la Alameda y seguía lejos, con la mirada puesta en la cima[1] del monte Sinaí, con la ilusión de que algún día me saldrían
5 alas y podría llegar a Buenos Aires. Pero jamás sobrepasé aquella montaña mágica.

«¡Ya verás cuando vayas a la escuela!»

Mi padre contaba como un tormento[2], como si le arrancaran[3] las amígdalas[4] con la mano, la forma en que el maestro les arrancaba
10 la jeada[5] del habla, para que no dijesen ajua ni jato ni jracias.

«Todas las mañanas teníamos que decir la frase *Los pájaros de Guadalajara tienen la garganta llena de trigo*. ¡Muchos palos llevamos[6] por culpa de *Juadalagara*!»

Si de verdad me quería meter miedo, lo consiguió. La noche de
15 la víspera[7] no dormí. Encogido en la cama, escuchaba el reloj de pared en la sala con la angustia de un condenado. El día llegó con una claridad de delantal[8] de carnicero. No mentiría si les hubiese dicho a mis padres que estaba enfermo.

El miedo, como un ratón, me roía[9] las entrañas[10].
20 Y me meé[11]. No me meé en la cama, sino en la escuela.

Lo recuerdo muy bien. Han pasado tantos años y aún siento una humedad cálida y vergonzosa resbalando[12] por las piernas. Estaba

---

1 la cima: el pico, el punto más alto de una montaña
2 el tormento: Quälgeist
3 arrancar: herausreißen
4 las amígdalas: Mandeln (im Rachen)
5 la jeada: Bezeichnung einer sprachlichen Besonderheit im Nordwesten
     Spaniens, wo manche Sprecher mit Galicisch als Muttersprache im Spani-
     schen die Laute [g] und [x] vertauschen, also z.B. «jato» [ˈxato] statt «gato»
     [ˈgato] sagen.
6 llevar palos: *hier* Prügel beziehen
7 la noche de la víspera: *hier* die Nacht vor der Einschulung
8 el delantal: Schürze
9 roer: *hier* zerfressen
10 las entrañas: Eingeweide
11 mearse: *fam.* sich in die Hose pinkeln
12 resbalar: *hier* herunterlaufen

sentado en el último pupitre[1], medio agachado con la esperanza de que nadie reparase en[2] mi presencia, hasta que pudiese salir y echar a volar[3] por la Alameda.

«A ver, usted, ¡póngase de pie!»

El destino siempre avisa[4]. Levanté los ojos y vi con espanto[5] que aquella orden iba por mí. Aquel maestro feo como un bicho[6] me señalaba con la regla[7]. Era pequeña, de madera, pero a mí me pareció la lanza de Abd el Krim[8].

«¿Cuál es su nombre?»

«Pardal».

Todos los niños rieron a carcajadas[9]. Sentí como si me golpeasen con latas[10] en las orejas.

«¿Pardal?»

No me acordaba de nada. Ni de mi nombre. Todo lo que yo había sido hasta entonces había desaparecido de mi cabeza. Mis padres eran dos figuras borrosas[11] que se desvanecían[12] en la memoria. Miré hacia el ventanal[13], buscando con angustia los árboles de la Alameda.

Y fue entonces cuando me meé.

Cuando los otros chavales se dieron cuenta, las carcajadas aumentaron y resonaban[14] como latigazos[15].

---

1 el pupítre: Schulbank
2 reparar en a/c: notar a/c, darse cuenta de a/c
3 echar a volar: empezar a volar
4 avisar: *hier* seinen Lauf nehmen
5 el espanto: el horror, el miedo
6 el bicho: Ungeziefer; Viech
7 la regla: Lineal
8 Adb el Krim: Anführer der nordafrikanischen Stämme im Rifkrieg (1920–1926)
9 reir (e>i) a carcajadas: schallend lachen
10 la lata: Blechdose
11 borroso/-a: impreciso/-a, que no se ve con claridad
12 desvanecerse: desaparecer
13 el ventanal: ventana grande
14 resonar (o>ue): ertönen, erschallen
15 el latigazo: Peitschenhieb

Huí. Eché a correr como un locuelo[1] con alas. Corría, corría como sólo se corre en sueños cuando viene detrás de uno el Hombre del Saco[2]. Yo estaba convencido de que eso era lo que hacía el maestro. Venir tras de mí. Podía sentir su aliento[3] en el cuello[4], y el de todos
5   los niños, como jauría[5] de perros a la caza de un zorro[6]. Pero cuando llegué a la altura del palco de la música[7] y miré hacia atrás, vi que nadie me había seguido, que estaba a solas con mi miedo, empapado de sudor y meos. El palco estaba vacío. Nadie parecía fijarse en mí, pero yo tenía la sensación de que todo el pueblo disimulaba, de
10   que docenas de ojos censuradores[8] me espiaban tras las ventanas y de que las lenguas murmuradoras no tardarían en llevarles la noticia a mis padres. Mis piernas decidieron por mí. Caminaron hacia el Sinaí con una determinación desconocida hasta entonces. Esta vez llegaría hasta Coruña y embarcaría de polizón[9] en uno de esos
15   barcos que van a Buenos Aires.

→ Tareas A

Desde la cima del Sinaí no se veía el mar, sino otro monte aún más grande, con peñascos[10] recortados como torres de una fortaleza inaccesible. Ahora recuerdo con una mezcla de asombro y melancolía lo que logré hacer aquel día. Yo solo, en la cima, sen-
20   tado en la silla de piedra, bajo las estrellas, mientras que en el valle se movían como luciérnagas[11] los que con candil[12] andaban en mi busca. Mi nombre cruzaba la noche a lomos de los aullidos de los

---

1   el locuelo: *fam.* persona loca
2   el Hombre del Saco: der Mann mit dem Sack (Kinderschreck)
3   el aliento: Atem
4   en el cuello: im Nacken
5   la jauría: Meute
6   a la caza de un zorro: auf Fuchsjagd
7   el placo de la música: Musikpavillon
8   censurador/a: crítico/-a
9   de polizón: als blinder Passagier
10   el peñasco: Felsblock
11   el luciérnaga: Glühwürmchen
12   el candil: *hier* Laterne

perros[1]. No estaba impresionado. Era como si hubiese cruzado la línea del miedo. Por eso no lloré ni me resistí cuando apareció junto a mí la sombra recia[2] de Cordeiro. Me envolvió con su chaquetón y me cogió en brazos. «Tranquilo, Pardal, ya pasó todo».

Aquella noche dormí como un santo, bien arrimado a mi madre. Nadie me había reñido[3]. Mi padre se había quedado en la cocina, fumando en silencio, con los codos sobre el mantel de hule[4], las colillas[5] amontonadas en el cenicero[6] de concha de vieira[7], tal como había sucedido cuando se murió la abuela.

Tenía la sensación de que mi madre no me había soltado la mano durante toda la noche. Así me llevó, cogido como quien lleva un serón[8], en mi regreso a la escuela. Y en esta ocasión, con el corazón sereno[9], pude fijarme por vez primera en el maestro. Tenía la cara de un sapo[10].

El sapo sonreía. Me pellizcó[11] la mejilla con cariño. «Me gusta ese nombre, Pardal». Y aquel pellizco me hirió como un dulce de café[12]. Pero lo más increíble fue cuando, en medio de un silencio absoluto, me llevó de la mano hacia su mesa y me sentó en su silla. Él permaneció de pie, cogió un libro y dijo:

«Tenemos un nuevo compañero. Es una alegría para todos y vamos a recibirlo con un aplauso.» Pensé que me iba a mear de nuevo por los pantalones, pero sólo noté una humedad en los ojos, «Bien, y ahora vamos a empezar un poema. ¿A quién le toca?

---

1 a lomos de los aullidos de los perros: *etwa* vermischt mit dem Geheule der Hunde
2 recio/-a: fuerte
3 reñir a alg.: jdn ausschimpfen
4 el mantel de hule: Wachstischdecke
5 la colilla: resto de un cigarrillo
6 el cenicero: recipiente para restos de cigarrillos
7 de concha de vieira: in Form einer Jakobsmuschel
8 me llevó, cogido como quien lleva un serón: *etwa* sie hielt mich fest im Arm
9 sereno/-a: tranquilo/-a
10 el sapo: Kröte
11 pellizcar: kneifen
12 el dulce de café: *hier* Bonbon mit Kaffeegeschmack

¿Romualdo? Venga, Romualdo, acércate. Ya sabes, despacito y en voz bien alta.»

A Romualdo los pantalones cortos le quedaban ridículos. Tenía las piernas muy largas y oscuras, con las rodillas llenas de heridas.

5 *Una tarde parda[1] y fría ...*

«Un momento, Romualdo, ¿qué es lo que vas a leer?»

«Una poesía, señor.»

«¿Y comó se titula?

«*Recuerdo infantil.* Su autor es don Antonio Machado.»

10 «Muy bien, Romualdo, adelante. Con calma y en voz alta. Fíjate en la puntuación.»

El llamado Romualdo, a quien yo conocía de acarrear[2] sacos de piñas[3] como niño que era de Altamira[4], carraspeó[5] como un viejo fumador de picadura y leyó con una voz increíble, espléndida, que

15 parecía salida de la radio de Manolo Suárez, el indiano[6] de Montevideo.

Una tarde parda y fría
de invierno. Los colegiales[7]
estudian. Monotonía

20 *de lluvia tras los cristales.*
Es la clase. En un cartel
se representa a Caín
fugitivo y muerto Abel,
junto a una mancha carmín[8] ...

25 «Muy bien. ¿Qué significa *monotonía de lluvia*, Romualdo?», preguntó el maestro.

---

1 pardo/-a: oscuro/-a, triste
2 acarrear: *aquí* transportar, llevar
3 la piña: Tannenzapfen
4 Altamira: pueblo cerca de La Coruña, Galicia
5 carraspear: sich räuspern
6 el indiano: *hist.* Bezeichnung für einen aus Amerika zurückgekehrten und zu Reichtum gekommenen Spanier
7 el/la colegial/a: el/la alumno/-a
8 carmín: rojo/-a

«Que llueve sobre mojado[1], don Gregorio».

«¿Rezaste?», me preguntó mamá, mientras planchaba[2] la ropa que papá había cosido[3] durante el día. En la cocina, la olla[4] de la cena despedía[5] un aroma amargo de nabiza[6].

«Pues sí», dije yo no muy seguro. «Una cosa que hablaba de Caín   5 y Abel».

«Eso está bien», dijo mamá, «no sé por qué dicen que el nuevo maestro es un ateo[7]».

«¿Qué es un ateo?»

«Alguien que dice que Dios no existe». Mamá hizo un gesto de 10 desagrado y pasó la plancha con energía por las arrugas[8] de un pantalón.

«¿Papá es un ateo?»

Mamá apoyó[9] la plancha y me miró fijamente.

«¿Cómo va a ser papá un ateo? ¿Cómo se te ocurre preguntar 15 esa bobada[10]?»

Yo había oído muchas veces a mi padre blasfemar[11] contra Dios. Lo hacían todos los hombres. Cuando algo iba mal, escupían[12] en el suelo y decían esa cosa tremenda contra Dios. Decían las dos cosas: *me cago*[13] *en Dios, me cago en el demonio.* Me parecía que sólo las 20 mujeres creían realmente en Dios.

«¿Y el demonio? ¿Existe el demonio?»

---

1 llover sobre mojado: *loc. aquí* llover de forma continua
2 planchar: bügeln
3 coser: nähen, *hier* schneidern
4 la olla: Topf
5 despedir: *hier* verströmen
6 la nabiza: Rübstiel, Stielmus (Gemüse mit fein-säuerlichem Geschmack)
7 el/la ateo/-a: Atheist/in
8 la arruga: Falte
9 apoyar: *aquí* poner, colocar
10 la bobada: la estupidez, la idiotez
11 blasfemar: lästern
12 escupir: spucken
13 cagarse en: *vulg.* auf etw. scheißen

«¡Por supuesto!»

El hervor[1] hacía bailar la tapa de la cacerola[2]. De aquella boca mutante salían vaharadas de vapor[3] y gargajos de espuma[4] y verdura. Una mariposa nocturna revoloteaba[5] por el techo alrededor
5 de la bombilla que colgaba del cable trenzado[6]. Mamá estaba enfurruñada[7] como cada vez que tenía que planchar. La cara se le tensaba[8] cuando marcaba la raya de las perneras[9]. Pero ahora hablaba en un tono suave y algo triste, como si se refiriese a un desvalido[10].

«El demonio era un ángel, pero se hizo malo».

10 La mariposa chocó con la bombilla, que se bamboleó[11] ligeramente y desordenó las sombras.

«Hoy el maestro ha dicho que las mariposas también tienen lengua, una lengua finita[12] y muy larga, que llevan enrollada como el muelle de un reloj. Nos la va a enseñar con un aparato que le tienen
15 que enviar de Madrid. ¿A que parece mentira eso de que las mariposas tengan lengua?»

«Si él lo dice, es cierto. Hay muchas cosas que parecen mentira y son verdad. ¿Te ha gustado la escuela?»

«Mucho. Y no pega[13]. El maestro no pega.»

20 No, el maestro don Gregorio no pegaba. Al contrario, casi siempre sonreía con su cara de sapo. Cuando dos se peleaban durante el recreo, él los llamaba, «parecéis carneros[14]», y hacía que se estre-

---

1 el hervor: *hier* das aufkochende Wasser
2 la tapa de la cacerola: Topfdeckel
3 la vaharada de vapor: Dampfwolke
4 el gargajo de espuma: *hier* Schaumblasen
5 revolotear: flattern
6 el cable trenzado: *hier* verdrehtes Kabel
7 enfurruñado/-a: de mal humor
8 la cara se le tensaba: sie verzog das Gesicht
9 la raya de la pernera: *hier* Bügelfalte der Hose
10 el desvalido: persona que necesita ayuda
11 bambolearse: schwanken, schaukeln
12 finito/-a: muy fino/-a, delgado/-a, delicado/-a
13 pegar: golpear
14 el carnero: Hammel, Ziegenbock; *hier* Streithammel

charan la mano. Después los sentaba en el mismo pupitre. Así fue como conocí a mi mejor amigo, Dombodán, grande, bondadoso[1] y torpe[2]. Había otro chaval, Eladio, que tenía un lunar[3] en la mejilla[4], al que le hubiera zurrado[5] con gusto, pero nunca lo hice por miedo a que el maestro me mandase darle la mano y que me cambiase[6] del lado de Dombodán.

La forma que don Gregorio tenía de mostrarse muy enfadado era el silencio.

«Si vosotros no os calláis, tendré que callarme yo».

Y se dirigía hacia el ventanal, con la mirada ausente, perdida en el Sinaí. Era un silencio prolongado, descorazonador[7], como si nos hubiese dejado abandonados en un extraño país. Pronto me di cuenta de que el silencio del maestro era el peor castigo imaginable. Porque todo lo que él tocaba era un cuento fascinante. El cuento podía comenzar con una hoja de papel, después de pasar por el Amazonas y la sístole y diástole[8] del corazón. Todo conectaba, todo tenía sentido. La hierba, la lana[9], la oveja, mi frío. Cuando el maestro se dirigía hacia el mapamundi[10], nos quedábamos atentos como si se iluminase la pantalla del cine Rex. Sentíamos el miedo de los indios cuando escucharon por vez primera el relinchar[11] de los caballos y el estampido[12] del arcabuz[13]. Íbamos a lomos de[14] los ele-

---

1 bondadoso/-a: amable
2 torpe: ungeschickt
3 el lunar: Leberfleck
4 la mejilla: Wange
5 zurrrar: *col.* vermöbeln
6 cambiar a alguien: *hier* jdn wegsetzen
7 descorazonador/a: entmutigend
8 la sístole y diástole: Systole (Zusammenziehen des Herzmuskels) und Diastole (Erschlaffung des Herzmuskels)
9 la lana: Wolle
10 el mapamundi: el mapa del mundo
11 el relinchar: Wiehern
12 el estampido: Knall
13 arcabuz: Hakenbüchse (im 16. Jhd. gebräuchliche Schusswaffe)
14 a lomos de: auf dem Rücken

fantes de Aníbal de Cartago[1] por las nieves de los Alpes, camino de
Roma. Luchábamos con palos y piedras en Ponte Sampaio[2] contra
las tropas de Napoleón. Pero no todo eran guerras. Fabricábamos
hoces[3] y rejas de arado[4] en las herrerías[5] del Incio[6]. Escribíamos
5 cancioneros de amor en la Provenza[7] y en el mar de Vigo[8]. Con-
struíamos el Pórtico de la Gloria[9]. Plantábamos las patatas que
habían venido de América. Y a América emigramos cuando llegó la
peste de la patata.

«Las patatas vinieron de América», le dije a mi madre a la hora
10 de comer, cuando me puso el plato delante.

«¡Qué iban a venir de América! Siempre ha habido patatas», sen-
tenció ella.

«No, antes se comían castañas[10]. Y también vino de América el
maíz.» Era la primera vez que tenía clara la sensación de que gracias
15 al maestro yo sabía cosas importantes de nuestro mundo que ellos,
mis padres, desconocían.

Pero los momentos más fascinantes de la escuela eran cuando
el maestro hablaba de los bichos[11]. Las arañas de agua inventaban el
submarino. Las hormigas[12] cuidaban de un ganado[13] que daba leche y
20 azúcar y cultivaban setas[14]. Había un pájaro en Australia que pintaba

---

1 Aníbal de Cartago: Hannibal, kathargischer Herrführer, der bei seinem
Marsch auf Rom mit seinem Heer 218 v. Chr. die Alpen überquerte
2 Ponte Sampaio: Schauplatz einer Schlacht im Juni 1809, in der galicische
Streitkräfte gegen napoleanische Truppen kämpften
3 la hoz: Sichel
4 la reja de arado: Pflugschar
5 la herrería: Schmiede
6 El Incio: municipio en la provincia de Lugo, Galicia.
7 la Provenza: región histórica y cultural de Francia
8 Vigo: ciudad en la provincia de Pontevedra, Galicia
9 el Pórtico de la Gloria: Name des Eingangsportals der Kathedrale von
Santiago de Compostela
10 la castaña: *hier* Esskastanie, Marone
11 los bichos: *hier* Tiere
12 la hormiga: Ameise
13 el ganado: Vieh
14 la seta: Pilz

su nido[1] de colores con una especie de óleo[2] que fabricaba con pigmentos vegetales. Nunca me olvidaré. Se llamaba el tilonorrinco[3]. El macho[4] colocaba una orquídea en el nuevo nido para atraer a la hembra[5].

Tal era mi interés que me convertí en el suministrador[6] de bichos de don Gregorio y él me acogió como el mejor discípulo[7]. Había sábados y festivos[8] que pasaba por mi casa e íbamos juntos de excursión. Recorríamos las orillas del río, las gándaras[9], el bosque y subíamos al monte Sinaí. Cada uno de esos viajes era para mí como una ruta del descubrimiento. Volvíamos siempre con un tesoro. Una mantis[10]. Un caballito del diablo[11]. Un ciervo volante[12]. Y cada vez una mariposa distinta, aunque yo sólo recuerdo el nombre de una a la que el maestro llamó Iris, y que brillaba hermosísima posada[13] en el barro[14] o el estiércol[15].

Al regreso, cantábamos por los caminos como dos viejos compañeros. Los lunes, en la escuela, el maestro decía: «Y ahora vamos a hablar de los bichos de Pardal».

Para mis padres, estas atenciones del maestro eran un honor. Aquellos días de excursión, mi madre preparaba la merienda[16] para los dos: «No face falta[17], señora, yo ya voy comido», insistía

---

1 el nido: Nest
2 el óleo: Ölfarbe
3 el tilonorrinco: Laubenvogel
4 el macho: Männchen
5 la hembra: Weibchen
6 el/la suministrador/a: Lieferant/in
7 el/la discípulo/-a: el/la alumno/-a
8 el [día] festivo: Feiertag
9 la gándara: Wildwiese
10 la mantis: Gottesanbeterin
11 el caballito del diablo: Wasserjungfer
12 el ciervo volante: Hirschkäfer
13 posar en: situarse en un lugar después de haber volado
14 el barro: Schlamm
15 el estiércol: *hier* Kuhfladen
16 la merienda: comida
17 no hacer falta: no ser necesario

don Gregorio. Pero a la vuelta decía: «Gracias, señora, exquisita la merienda».

«Estoy segura de que pasa necesidades[1]», decía mi madre por la noche.

5 «Los maestros no ganan lo que tendrían que ganar», sentenciaba, con sentida solemnidad, mi padre. «Ellos son las luces[2] de la República[3]».

«¡La República, la República! ¡Ya veremos adónde va a parar[4] la República!»

10 Mi padre era republicano. Mi madre, no. Quiero decir que mi madre era de misa diaria[5] y los republicanos aparecían como enemigos de la Iglesia. Procuraban[6] no discutir cuando yo estaba delante, pero a veces los sorprendía.

«¿Qué tienes tú contra Azaña[7]? Eso es cosa del cura[8], que os
15 anda calentando la cabeza[9].»

«Yo voy a misa a rezar», decía mi madre.

«Tú sí, pero el cura no».

Un día que don Gregorio vino a recogerme para ir a buscar mariposas, mi padre le dijo que, si no tenía inconveniente[10], le gustaría
20 tomarle las medidas[11] para un traje.

«¿Un traje?»

---

1 pasar necesidades: sufrir hambre
2 las luces: *hier* Lichtgestalten, Hoffnungsträger
3 la República: la Segunda República Española, un periodo democrático que existió en España entre 1931 y 1939.
4 parar: *hier* enden
5 la misa: Messe, kath. Gottesdienst
6 procurar: intentar
7 Azaña: Manuel Azaña Díaz (1880–1940), último presidente de la Segunda República
8 el cura: Priester
9 andar calentando la cabeza a alg.: *fig.* jdn aufhetzen
10 no tener inconveniente: nichts dagegen haben
11 tomar las medidas a alg.: bei jdm Maß nehmen

«Don Gregorio, no lo tome a mal[1]. Quisiera tener una atención con usted[2]. Y yo lo que sé hacer son trajes.»

El maestro miró alrededor con desconcierto.

«Es mi oficio», dijo mi padre con una sonrisa.

«Respeto mucho los oficios», dijo por fin el maestro.   5

→ **Tareas B**

Don Gregorio llevó puesto aquel traje durante un año, y lo llevaba también aquel día de julio de 1936, cuando se cruzó conmigo en la Alameda, camino del ayuntamiento.

«¿Qué hay, Pardal? A ver si este año por fin podemos verles la lengua a las mariposas.»   10

Algo extraño estaba sucediendo. Todo el mundo parecía tener prisa, pero no se movía. Los que miraban hacia delante, se daban la vuelta. Los que miraban para la derecha, giraban hacia la izquierda. Cordeiro, el recogedor de basura y hojas secas, estaba sentado en un banco, cerca del palco de la música. Yo nunca había visto a   15 Cordeiro sentado en un banco. Miró hacia arriba, con la mano de visera[3]. Cuando Cordeiro miraba así y callaban los pájaros, era que se avecinaba[4] una tormenta.

Oí el estruendo[5] de una moto solitaria. Era un guardia con una bandera sujeta en el asiento de atrás[6]. Pasó delante del ayun-   20 tamiento y miró para los hombres que conversaban inquietos en el porche[7]. Gritó: «¡Arriba España[8]!» Y arrancó de nuevo la moto dejando atrás una estela de explosiones[9].

---

1   tomar a mal a/c: etw. übelnehmen
2   tener una atención con alg.: jdm etw. Gutes tun; sich jdm gegenüber erkenntlich zeigen
3   con la mano de visera: *etwa* mit der Hand die Sonne abschirmend
4   avecinarse: *hier* aufziehen
5   el estruendo: *hier* Knattern
6   el asiento de atrás: Hintersitz (eines Motorrads)
7   en el porche: *hier* auf der Treppe (vor dem Haupteingang)
8   ¡Arriba España!: Kampfruf der Putschisten
9   una estela de explosiones: eine Reihe von Knallgeräuschen

Las madres empezaron a llamar a sus hijos. En casa, parecía que la abuela se hubiese muerto otra vez. Mi padre amontonaba colillas en el cenicero y mi madre lloraba y hacía cosas sin sentido, como abrir el grifo de agua y lavar los platos limpios y guardar los sucios.

5 Llamaron a la puerta y mis padres miraron el pomo[1] con desazón[2]. Era Amelia, la vecina, que trabajaba en casa de Suárez, el indiano.

«¿Sabéis lo que está pasando? En Coruña, los militares han declarado el estado de guerra[3]. Están disparando contra el Gobi-
10 erno Civil[4].»

«¡Santo Cielo!», se persignó[5] mi madre.

«Y aquí», continuó Amelia en voz baja, como si las paredes oyesen, «dicen que el alcalde llamó al capitán de carabineros[6], pero que éste mandó decir que estaba enfermo».

15 Al día siguiente no me dejaron salir a la calle. Yo miraba por la ventana y todos los que pasaban me parecían sombras encogidas[7], como si de repente hubiese llegado el invierno y el viento arras-
trase[8] a los gorriones de la Alameda como hojas secas.

Llegaron tropas de la capital y ocuparon el ayuntamiento. Mamá
20 salió para ir a misa, y volvió pálida y entristecida, como si hubiese envejecido[9] en media hora.

«Están pasando cosas terribles, Ramón», oí que le decía, entre sollozos[10], a mi padre. También él había envejecido. Peor aún. Parecía que hubiese perdido toda voluntad. Se había desfondado[11] en un
25 sillón y no se movía. No hablaba. No quería comer.

---

1 el pomo: Türknauf
2 con desazón: con miedo
3 el estado de guerra: Kriegszustand
4 el Gobierno Civil: *hier* Gebäude der Regionalregierung
5 persignarse: hacer la señal de la cruz
6 el capitán de carabineros: el jefe de la policía
7 encogido/-a: zusammengeschrumpft; *hier*: flüchtig, schemenhaft
8 arrastrar: *hier* mit sich reißen, wegfegen
9 envejecer (c>zc): hacerse viejo/-a
10 el sollozo: Schluchzer
11 desfondarse: *aquí* sentarse

«Hay que quemar las cosas que te comprometan[1], Ramón. Los periódicos, los libros. Todo.»

Fue mi madre la que tomó la iniciativa durante aquellos días. Una mañana hizo que mi padre se arreglara bien y lo llevó con ella a misa. Cuando regresaron, me dijo: «Venga, Moncho, vas a venir con nosotros a la Alameda». Me trajo la ropa de fiesta[2] y mientras me ayudaba a anudar[3] la corbata, me dijo con voz muy grave: «Recuerda esto, Moncho, Papá no era republicano. Papá no era amigo del alcalde. Papá no hablaba mal de los curas. Y otra cosa muy importante, Moncho. Papá no le regaló un traje al maestro.»

«Sí que se lo regaló».

«No, Moncho. No se lo regaló. ¿Has entendido bien? ¡No se lo regaló!»

«No, mamá, no se lo regaló».

→ **Tarea C**

Había mucha gente en la Alameda, toda con ropa de domingo. También habían bajado algunos grupos de las aldeas[4], mujeres enlutadas[5], paisanos[6] viejos con chaleco[7] y sombrero, niños con aire asustado, precedidos[8] por algunos hombres con camisa azul y pistola al cinto. Dos filas de soldados abrían un pasillo[9] desde la escalinata[10] del ayuntamiento hasta unos camiones con remolque entoldado[11], como los que se usaban para transportar el ganado en la feria grande[12]. Pero en la Alameda no había el bullicio[13] de

---

1   comprometer a alg.: *aquí* poner en peligro a alg.
2   la ropa de fiesta: Sonntagsanzug
3   anudar: binden (Krawatte)
4   las aldeas: los pueblos de la zona
5   enlutado/-a: in Trauerkleidung
6   el/la paisano/-a: el/la campesino/-a
7   el chaleco: Weste
8   precedido/-a por: angeführt von
9   abrir un pasillo: *hier* einen Korridor freihalten
10 la escalinata: große Treppe, Freitreppe
11 con remolque entoldado: mit Planen bedeckte Anhänger
12 en la feria grande: *hier* am Markttag
13 el bullicio: Gewimmel, Getümmel

las ferias, sino un silencio grave, de Semana Santa[1]. La gente no
se saludaba. Ni siquiera parecían reconocerse los unos a los otros.
Toda la atención estaba puesta en la fachada del ayuntamiento.

Un guardia entreabrió[2] la puerta y recorrió el gentío con la
5   mirada[3]. Luego abrió del todo e hizo un gesto con el brazo. De la
boca oscura del edificio, escoltados[4] por otros guardias, salieron
los detenidos. Iban atados de pies y manos, en silente cordada[5]. De
algunos no sabía el nombre, pero conocía todos aquellos rostros. El
alcalde, los de los sindicatos, el bibliotecario del ateneo[6] Resplan-
10   dor Obrero, Charli, el vocalista de la Orquesta Sol y Vida, el cantero
al que llamaban Hércules, padre de Dombodán ... Y al final de la
cordada, chepudo[7] y feo como un sapo, el maestro.

Se escucharon algunas órdenes y gritos aislados[8] que res-
onaron[9] en la Alameda como petardos[10]. Poco a poco, de la multi-
15   tud fue saliendo un murmullo que acabó imitando aquellos insultos.

«¡Traidores! ¡Criminales! ¡Rojos!»

«Grita tú también, Ramón, por lo que más quieras[11], ¡grita!» Mi
madre llevaba a papá cogido del brazo[12], como si lo sujetase con
todas sus fuerzas para que no desfalleciera[13]. «¡Que vean que gritas,
20   Ramón, que vean que gritas!»

Y entonces oí cómo mi padre decía: «¡Traidores!» con un hilo de
voz. Y luego, cada vez más fuerte, «¡Criminales! ¡Rojos!». Soltó del

---

1   la Semana Santa: Karwoche
2   entreabrir: abrir un poco una puerta
3   recorrer el gentío con la mirada: den Blick über die Menge schweifen lassen
4   escoltar: eskortieren
5   en silente cordada: *etwa* in stummer Reihe
6   el ateneo: *etwa* Kulturverein
7   chepudo/-a: *aquí* pequeño/-a
8   aislado/-a: *hier* einzeln
9   resonar (o>ue): widerhallen
10 el petardo: Böller, Knaller
11 por lo que más quieras: *hier* um Himmels willen
12 llevar a alg. cogido/-a del brazo: sich bei jdm einhaken
13 desfallecer (c>zc): *hier* zusammenbrechen, umfallen

brazo a mi madre[1] y se acercó más a la fila de los soldados, con la mirada enfurecida[2] hacia el maestro.

«¡Asesino[3]! ¡Anarquista! ¡Comeniños[4]!»

Ahora mamá trataba de retenerlo[5] y le tiró de la chaqueta discretamente. Pero él estaba fuera de sí[6]. «¡Cabrón[7]! ¡Hijo de mala madre!» Nunca le había oído llamar eso a nadie, ni siquiera al árbitro en el campo de fútbol. «Su madre no tiene la culpa, ¿eh, Moncho?, recuerda eso». Pero ahora se volvía hacia mí enloquecido[8] y me empujaba con la mirada, los ojos llenos de lágrimas y sangre.

«¡Grítale tú también, Monchiño, grítale tú también!»

Cuando los camiones arrancaron[9], cargados de[10] presos, yo fui uno de los niños que corrieron detrás, tirando piedras. Buscaba con desesperación el rostro del maestro para llamarle traidor y criminal. Pero el convoy era ya una nube de polvo[11] a lo lejos y yo, en el medio de la Alameda, con los puños cerrados[12], sólo fui capaz de murmurar con rabia: «¡Sapo! ¡Tilonorrinco! ¡Iris!»

→ **Tareas D**

---

1   soltar (o>ue): losmachen, *hier* abschütteln
2   enfurecido/-a: con mucha rabia, muy enfadado/-a
3   el/la asesino/-a: Mörder/in
4   el comeniños: Kinderfresser
5   retener a alg.: jdn zurückhalten
6   estar fuera de sí: *fig.* außer sich sein
7   el cabrón: *vulg.* Scheißkerl
8   enloquecido/-a: como loco/-a
9   arrancar: *hier* losfahren
10 cargado/-a de: lleno/-a de
11 la nube de polvo: Staubwolke
12 con los puños cerrados: mit geballter Faust

Tareas A

1. Presenta al narrador, Moncho, y resume la información sobre su primer día de clase.
2. Analiza cómo Moncho le transmite su miedo y su horror al lector (p. 7, l. 14 – p. 9, l. 15).
3. Redacta un monólogo interior del maestro en el que él comenta lo sucedido.

Tareas B

1. *Trabajo en grupos de a tres*: Reunid la información sobre (a) don Gregorio (b) el padre (c) la madre de Moncho. Luego presentaos mutuamente a los personajes y comentad la impresión que os dan.
2. Examina la relación entre don Gregorio y Moncho.

Tarea C

«Algo extraño estaba sucediendo». Describe y explica los cambios que le llaman la atención a Moncho.

Tareas D

1. Cuenta lo que pasa en la Alameda aquel día.
2. Analiza cómo queda retratado el padre de Moncho. Ten en cuenta: sus palabras (lo que dice y como lo dice), sus acciones (lo que hace) y las observaciones de su hijo.
3. Compara el comportamiento de padre e hijo.
4. ¿El desenlace del relato, una cuestión de traición? Comenta el comportamiento de Moncho y el de su padre. Ten en cuenta el trasfondo sociopolítico de la época.

José Jiménez Lozano
La purificación

El maestro con el que yo fui a la escuela era de «los purifica-
dos», o sea que, entonces, si un maestro o un médico o gente de
ésta habían tenido ideas, se los purificaba[1]. O sea, que estaban en la
cárcel o desterrados[2] como rojos en algún pueblo, sin ejercer[3] lo que
5 fueran: médicos o maestros, y así se purificaban o tenían «la depuración» que se llamaba. O sea, que ya pensaban y hablaban como
todo el mundo, y como tenía que ser, de la política y de la religión,
y luego ya se los incorporaba[4] cuando recibían los certificados[5].
Así que luego, estos maestros que ya tenían hecha la depuración
10 daban más clases de religión y de Historia Sagrada[6], y también más
clases de «Símbolos de España», que era un libro que teníamos en
el que venían la bandera y el escudo[7] nacional y la batalla del Ebro[8]
y Santiago[9] luchando contra los moros de Miramamolín[10], que es
un nombre que no se me olvidará jamás, porque nos le llamábamos

---

1 purificar: läutern, reinwaschen; *hier* zu einer dem Regime konformen
Haltung umerziehen
2 desterrar (e>ie) a alg.: verbannen, vertreiben
3 ejercer: ausüben (Beruf)
4 incorporar a alg.: *hier* jdn wieder (in den Lehrberuf) eingliedern
5 el certificado: *hier* Unbedenklichkeitsbescheinigung
6 Historia Sagrada: *etwa* Bibelkunde
7 el escudo: Wappen
8 la batalla del Ebro: Ebroschlacht (Juli – November 1938); entscheidende
Schlacht im spanischen Bürgerkrieg, die mit einem Sieg der franquistischen
Truppen endete
9 Santiago: Jakobus der Ältere, einer der Apostel Jesu, Schutzpatron Spaniens
10 los moros de Miramamolín: gemeint ist die Schlacht bei Las Navas de Tolosa
(1212), in der christliche Heere die maurischen Almohaden unter Kalif
Muhammad-an-Nasir besiegten; der Name «Miramamolín» ist eine Verball-
hornung eines seiner Ehrentitel

de mote[1] los chicos, y era lo peor que se aguantaba: que te llama-
ran Miramamolín. Aunque también este maestro, don Celes, nos
enseñaba las otras cosas de la escuela, y, sobre todo, la Geografía
y las fuerzas de la naturaleza: cómo se formaban las tormentas,
por ejemplo, por la electricidad de las nubes, y que por eso caían   5
los rayos[2]; de manera que en todos los pueblos y ciudades debería
haber uno o varios pararrayos[3].

—¿Y quién inventó el pararrayos? —preguntaba.

Y nosotros respondíamos:

—Benjamin Franklin[4].   10

—Muy bien —decía don Celes.

Y luego, enseguida, que Benjamin Franklin debía tener una
estatua en cada ciudad y en cada pueblo.

—¿Por qué? —preguntaba don Celes.

Y decíamos: 15

—En agradecimiento a las vidas de personas y animales que ha
salvado y a los incendios[5] y desastres que ha evitado a la humanidad
con su maravilloso invento.

→ Tareas A

Que no olvidáramos, decía don Celes, para que lo tuviésemos   20
presente siempre, y también para los ejercicios que hacíamos y para
cuando alguien nos preguntase. Así que entonces, cuando vino el
señor Inspector y preguntó, de las primeras cosas que preguntó, que
quién había inventado el pararrayos, nosotros contestamos enseguida: 25

—Benjamin Franklin.

Y luego, lo demás de que debería tener en cada ciudad y en cada
pueblo una estatua en agradecimiento a las vidas de personas y

---

1   el mote: Spitzname
2   el rayo: Blitz
3   el pararrayos: Blitzableiter
4   Benjamin Franklin: amerikanischer Naturwissenschaftler und Staatsmann
(1706–1790); einer der Gründerväter der Vereinigten Staaten von Amerika
5   el incendio: Brand

animales que ha salvado, y de las inundaciones[1] y desastres que ha evitado a la humanidad con su maravilloso invento.

—¡A ver! —volvía a preguntar el Inspector. —¡Repetid eso!

5 Era un hombre grande y con muchas anchuras[2], vestido con un traje oscuro a rayas[3], de los de paño de Béjar[4], decía la gente, o a lo mejor del género[5] de los catalanes, y llevaba unos zapatos muy relucientes. Y, en un dedo de una mano, un anillo de oro que brillaba como un ascua[6], cada vez que sacaba las manos de los bolsillos de la chaqueta, mientras se paseaba de arriba abajo por la plataforma[7]
10 donde estaban la mesa y el sillón de don Celes; y a un lado estaba una ventana grande, y al otro el encerado[8].

—¡Repetid eso, queridos niños! —volvió a decir el Inspector.

Y nosotros repetimos otra vez lo de Benjamin Franklin que debía tener una estatua en cada ciudad y cada pueblo, que nos lo sabía-
15 mos de carretilla[9], y dijo, luego, el Inspector:

—¡Muy bien! ¿Y qué se hace, queridos niños, durante las tormentas?

Nosotros contestamos:

—Evitar los árboles y los campanarios[10], los edificios altos o
20 aislados y los utensilios metálicos como la hoz[11] y la guadaña[12], etcétera.

Porque también nos lo sabíamos de corrido[13].

—¿Nada más? —preguntó el señor Inspector.

---

1 la inundación: Überschwemmung
2 con muchas anchuras: *aquí* bastante gordo
3 el traje a rayas: Nadelstreifenanzug
4 el paño de Béjar: feiner Kleiderstoff aus Béjar, einer Stadt in der Provinz Salamanca, bekannt für ihre Textilfabrikation
5 el género: *hier* Kleiderstoff
6 brillar como un ascua: brillar con intensidad
7 la plataforma: *hier* Podest
8 el encerado: la pizarra
9 saberse a/c de carretilla: saberse a/c de memoria
10 el campanario: Glockenturm
11 la hoz: Sichel
12 la guadaña: Sense
13 saberse a/c de corrido: saberse a/c de memoria

Pero, como no sabíamos que se tuviese que hacer nada más, nos callamos: y no se oía ni el vuelo de una mosca. El Inspector dio otro par de vueltas de arriba abajo y de abajo arriba, de la ventana al encerado y del encerado a la ventana, sacando y metiendo, todo el tiempo, las manos en los bolsillos, que era, como digo, cuando más le relucía el anillo, y luego se paró en medio y, mirando a toda la clase, dijo:

—¿Y no os han dicho, queridos niños, que se debe rezar el Trisagio[1] a la Santísima Trinidad[2]? ¿Quién es la Santísima Trinidad?

Y nosotros respondimos:

—Padre, Hijo y Espíritu Santo, Tres Personas distintas y un solo Dios verdadero.

—¡Muy bien! ¿Y qué es el Trisagio?

Pero, como no sabíamos lo que era el Trisagio, todos nos quedamos callados como muertos. Y entonces el señor Inspector se volvió hacia don Celes, que ni nos habíamos dado cuenta de que estaba allí en un rincón de la plataforma, junto a la ventana, sentado en una banqueta, desde que al principio el Inspector se había sentado en su sillón, y le preguntó:

—¿Pero es que no les ha enseñado usted a sus alumnos lo que es el Trisagio?

Don Celes se puso colorado[3], como cuando nosotros no sabíamos la lección, y venga a[4] retorcerse[5] las manos; pero no dijo nada.

→ Tareas B

Así que el señor Inspector nos enseñó el Trisagio:

Santo, santo, santo es el Señor Dios de los ejércitos que creíamos que era otra cosa, pero dijo que es lo que había que rezar durante

---

1   el Trisagio: Trisagion; christlicher Lobhymnus an die göttliche Dreieinigkeit
2   la Santísima Trinidad: heilige Dreieinigkeit Gottes in der christlichen Theologie (Vater, Sohn und Heiliger Geist)
3   ponerse colorado/-a: ponerse rojo/-a
4   venga a: *aquí* empezó a
5   retorcerse: verdrehen

las tormentas, ante una imagen sagrada, encendiendo la vela[1] que se había llevado al Monumento[2] el día de Jueves Santo[3].

—Eso es lo que hay que hacer, como pueblo católico que somos —añadió el Inspector con una voz muy absoluta.

5 —Sí, señor —dijo don Celes.

Y luego dijimos todos:

—Sí, señor.

De modo y manera que, en adelante[4], dijo el Inspector a don Celes que nos enseñase el Trisagio y todas las demás costumbres 10 católicas y españolas.

—Porque nosotros somos católicos, ¿no? —nos preguntó.

Y dijo don Celes el primero:

—Sí, señor.

Y también lo dijimos todos, luego. Pero el Inspector se puso una 15 mano en un oído[5]: la mano del anillo precisamente y dijo:

—¡Más alto! ¡Mucho más alto y con orgullo, niños!

Y lo repetimos más alto y, cuando se hizo el silencio, el señor Inspector se sonrió, y dijo luego en voz muy baja:

—Y Benjamin Franklin, no. Benjamin Franklin no era católico, 20 queridos niños. Benjamin Franklin no era católico desgraciada- mente.

Se calló otro poco[6] el señor Inspector, y volvió a decir con la misma voz absoluta de antes:

—¿Y cómo entonces, queridos niños, íbamos a levantar una estatua a Benjamin Franklin en nuestros pueblos y ciudades? ¿Cómo íbamos a hacer eso? ¡Respondedme vosotros!

Y se calló otra vez; pero nosotros no dijimos nada tampoco, y entonces don Celes se levantó de la banqueta y dijo:

---

1 la vela: Kerze
2 el Monumento: *aquí* el altar
3 el día de Jueves Santo: Gründonnerstag
4 en adelante: en el futuro
5 el oído: *aquí* la oreja
6 otro poco: un momento

—Es que un servidor[1], señor Inspector, no sabía ese detalle, señor Inspector.

—Pues ya lo sabe usted, ¿no? Es un detalle muy importante.

—Sí, señor —volvió a decir don Celes.

Y, luego ya, rezamos la oración[2], y en cuanto le dijimos todos que «¡Vaya usted con Dios! ¡Que usted lo pase bien!», se fue el señor Inspector; y en adelante, cuando don Celes hablaba de las tormentas como fenómenos de la naturaleza, seguía diciendo, claro está, que el pararrayos le había inventado Benjamin Franklin, pero que los españoles y católicos debían rezar el Trisagio. Y ya no decíamos la otra coletilla[3] de la estatua de Benjamin Franklin, porque don Celes estaba depurado, y si continuaba así de humilde[4] y de mandible[5], aceptando las correcciones de la superioridad[6], dijo el señor Inspector que sería uno de los mejores y más competentes maestros de toda la provincia.

→ **Tareas C**

1   un servidor: *hier* meine Wenigkeit
2   la oración: Gebet
3   la coletilla: la frase
4   humilde: bescheiden, demütig
5   mandible: *aquí* obediente, sumiso/-a
6   la superioridad: *hier* Obrigkeit

Tareas A

1. Resume lo que llegas a saber de don Celes y explica su situación profesional, teniendo en cuenta lo que sabes de la época del primer franquismo.
2. Examina la perspectiva narrativa y explica su efecto sobre el lector.

Tareas B

1. Describe al inspector y explica sus intenciones.
2. «Don Celes se puso colorado, como cuando nosotros no sabíamos la lección, y venga a retorcerse las manos; pero no dijo nada.» (p. 28, ll. 22–23) ¿Qué se le pasa por la cabeza a don Celes en este momento? Redacta un monólogo interior.

Tareas C

1. Cuenta el desenlace del relato.
2. Retrata a don Celes como maestro «depurado» (p. 30, l. 12).
3. Comenta los métodos de represión política que se reflejan en este relato.

Javier Alfaya
Un encuentro

A Manuel de la Escalera

El hombre se quedó en el umbral[1]. No era muy alto y su cuerpo delgado, de modo que no fue mucha la luz del sol que tapó[2], pero sí suficiente como para que el viejo levantara la cabeza, molesto. Vio apenas una figura como una mancha en la puerta, al fondo la verdura[3] de la ladera[4] que descendía suavemente y terminaba en el terreno llano[5] y recubierto por una fina capa de hierba[6] donde se alzaba[7] la casita. Iba a decir al hombre que se apartara[8]. Aquel sol, aquel sol tan raro de los días de la primavera atlántica calentaba sus huesos, haciendo renacer en poco de la vida que parecían quitarle los días interminables y oscuros del invierno.

Pero el hombre, como si se hubiera dado cuenta del pensamiento del viejo, se hizo a un lado[9] y entonces éste tuvo que levantar la mano sarmentosa[10], de venas abultadas[11], para que no le deslumbrara[12] el sol. De reojo[13], mientras volvía a acostumbrarse a la luz,

---

1 el umbral: Türschwelle
2 tapar: *hier* verdecken
3 la verdura: *hier* das Grün
4 la ladera: Abhang
5 llano/-a: flach, eben
6 recubierto por una fina capa de hierba: dünn bewachsen
7 alzarse: encontrarse, estar
8 apartarse: *hier* aus dem Licht gehen
9 hacerse a un lado: zur Seite treten
10 sarmentoso/-a: knochig
11 de venas abultadas: mit hervorstehenden Adern
12 deslumbrar a alg.: jdn blenden
13 de reojo: aus den Augenwinkeln

le miró. Los cabellos[1] comenzaban a escasearle[2], pero el rostro[3] debió ser alguna vez casi hermoso. Tenía los rasgos regulares[4], la boca de labios finos y bien dibujados, los pómulos salientes[5] y la piel sin arrugas. Pero los ojos parecían muertos: dos cuencas[6] oscu-
5 ras, inmóviles, quietas. Tardó unos momentos en ver que llevaba unas gafas azuladas de montura de carey[7]. Vestía un traje de color gris claro, con rayitas, ya muy desgastado[8] y que le venía un poco grande. No sintió curiosidad. Ni miedo. Solo durante todo el día hasta que, por la noche, volvía su hija de la escuela en la que daba
10 clases, se había acostumbrado al aislamiento[9] y a los visitantes ines-perados: vagabundos que aparecían con su zurrón[10], sus barbas y su mal olor, chiquillos[11] que hacían pellas[12] y venían a ocultarse por allí, paseantes a los que les llamaba la atención aquella casita con vago aspecto de chalet suizo, situada en un rincón invisible desde
15 la carretera y en la que se podía contemplar una panorámica[13] de la ensenada[14], con las islas al fondo.

No dijo nada y ya iba a apartar la mirada del desconocido, cuando éste habló por primera vez:

—¿No me recuerda, jefe?

---

1   los cabellos: el pelo
2   escasear: ausfallen, schütter werden
3   el rostro: *lit.* la cara
4   los rasgos regulares: ebenmäßige Gesichtszüge
5   los pómulos salientes: hervorstehende Wangenknochen
6   la cuenca: Höhle
7   las gafas de montura de carey: Hornbrille
8   desgastado/-a: usado/-a
9   el aislamiento: *aquí* la soledad
10   el zurrón: Umhängebeutel
11   el/la chiquillo/-a: el/la niño/-a
12   hacer pellas: *loc.* die Schule schwänzen
13   la panorámica: Sicht, Ausblick
14   la ensenada: Bucht

Su brazo derecho se levantó hacia él. La manga[1] de la chaqueta retrocedió[2]. No había dedos ni mano. Únicamente un muñón[3], en el centro del cual se abría una profunda hendidura[4].

El hombre repitió:

—¿No se acuerda, jefe? 5

Luego se volvió a callar y, como si repentinamente[5] la timidez se apoderara de él[6], bajó el brazo con el muñón e hizo un movimiento de disculpa, casi de desaliento[7].

El viejo miró la sombra en la pared. Su rostro era arrugado[8] y grisáceo[9], tenía los cabellos totalmente canos[10]. Pero iba a hablar. 10

Sin embargo, todavía el desconocido dio un paso atrás, se apartó del umbral de la puerta y se pegó[11] a la pared. Su rostro quedó oculto en la sombra, pero su mano sana, que había posado[12] sobre un muslo[13], relumbraba[14] en lo oscuro con una blancura de marfil[15]. La voz del viejo no era cascada[16] ni débil. Salió firme y clara cuando, 15 por fin, habló.

El desconocido escuchó con atención, la mano sana con los dedos muy abiertos, presionando la carne.

—¿Cuándo fue?

—Hace mucho tiempo. Allá en el treinta y seis. 20

---

1 la manga: Ärmel
2 retrodecer: *hier* nach oben rutschen
3 el muñon: Stumpf
4 la hendidura: Spalt, Scharte
5 repentinamente: de repente
6 apoderarse de alg.: jdn übermannen, jdn ergreifen
7 de desaliento: verzagt, kraftlos
8 arrugado/-a: voller Falten, faltig
9 grisáceo: ergraut
10 cano/-a: gris
11 pegarse a a/c: sich an etw. lehnen
12 posar sobre a/c: *hier* auf etw. ruhen, auf etw. liegen
13 el muslo: Oberschenkel
14 relumbrar: brillan
15 con una blancura de marfil: *etwa* weiß wie Schnee
16 cascado/-a: brüchig

Y entonces, repentinamente, con algo de desafío[1], mientras los dedos de la mano sana se cerraban y se apretaban, alzó[2] otra vez el muñón, que asomó[3] de la sombra a menos de un metro del rostro del viejo. Si había pensado, cuando antes bajó el brazo con el muñón, que el viejo sentía repugnancia[4], se equivocaba. El viejo miraba con curiosidad, sin asco. Pero seguía sin entender. ¿Y cómo iba a entender? No tenía datos, indicios.

Lentamente su memoria entró en su noche, a tientas[5], lanzando las redes[6] mediante golpes medidos, cuidadosos, sin abarcar[7] mucho, temerosa de perderse en aquella maraña[8] de imágenes que no paraban nunca, que se hacían y deshacían[9] en un movimiento continuo. Caviló[10] buscando esa señal y el hombre se la dio.

—Fue en septiembre, a principios. Aquel día debieron de sonar más tiros[11] que otras veces.

Entonces puede decirse que lo vio. Como si de pronto la capa de los años[12] se hubiera apartado de su cuerpo, vio un sol como el de ese día, más pesado[13], que lo llenaba todo, se vio en el andén[14] con el banderín[15] bajo el brazo, mirando con un desconsuelo[16] que todavía no era resignación al tren que acababa de llegar: el mixto[17]

---

1 con algo de desafío: *etwa* etw. trotzig
2 alzar: levantar
3 asomar: sichtbar werden, auftauchen
4 la repugnancia: Ekel, Abneigung
5 a tientas: sich vorantastend
6 lanzar (una red): (ein Netz) auswerfen
7 abarcar: *aquí* comprender
8 la maraña: Gewirr, Wirrwarr
9 hacerse y deshacerse: *hier* auftauchen und wieder verschwinden
10 cavilar: hier in der Erinnerung graben
11 el tiro: Schuss
12 la capa de los años: *fig.* der Mantel der Zeit
13 más pesado: *hier* greller
14 el andén: Bahnsteig
15 el banderín: Wimpel, kleine Fahne
16 el desconsuelo: *aquí* la tristeza
17 el (tren) mixto: Zug mit Personen- und Güterwagen

de Valladolid, que se estacionó en la vía[1] más lejana al punto donde se encontraba.

Los vio como otras veces. Dos guardias que bajaban, los fusiles en prevengan[2] apuntando hacia la puerta del vagón de tercera. Luego la breve cuerda[3] de presos —cinco o seis, a veces tres o cua- tro—, esposados entre sí[4], bajando con esfuerzo la escalerilla. Luego los otros dos guardias. En el andén se formaba la pequeña comitiva[5] y se dirigía siempre hacia el mismo sitio: el terraplén[6] oculto entre los arbustos y las zarzas[7], una cortadura que bajaba suavemente hacia el mar.

Hacían el camino a paso lento, como si estuvieran ralentizando[8] deliberadamente cada movimiento o les acompasara[9] un tambor[10] en sordina[11] que sólo podían escuchar ellos. Casi nunca había gritos ni empujones. Alguna vez los hubo, desde luego. Pero no era la regla. La regla era aquella marcha pausada[12], de sórdida solemnidad[13], que angustiaba[14] aún más el corazón. No, no se acostumbró nunca.

Desaparecían tragados por la tierra y se veía el mar azul, sereno[15], ajeno[16]. Luego transcurrían dos o tres minutos en los que siempre se sentía a punto de gritar, de salir corriendo, de hundirse[17] en algún sitio donde pudiera no mirar, no escuchar. Más tarde llegaba

5

10

15

20

---

1 la vía: Gleis
2 los fusiles en prevengan: Gewehre im Anschlag
3 la cuerda: *hier* Reihe
4 esposados entre sí: mit Handschellen aneinander gefesselt
5 la comitiva: *aquí* el grupo
6 el terraplén: *hier* Hohlweg
7 el arbusto, la zarza: Strauch, Gestrüpp
8 ralentizar: verlangsamen
9 acompasar: *hier* begleiten
10 el tambor: Trommel
11 en sordina: gedämpft
12 pausado/-a: *aquí* lento/-a
13 de sórdida solemnidad: *etwa* von trauriger Erhabenheit
14 angustiar: quälen
15 sereno/-a: ruhig
16 ajeno/-a: *hier* unwirklich
17 hundirse: *aquí* esconderse

el restallido[1] hueco[2] y seco de los disparos[3]. Ocho, nueve, diez, cruzándose, enredándose[4] en el aire que no se veía.

A veces se oía un grito ahogado[5], cuyo dramatismo se opacaba en la distancia. La primera vez aguardó[6], congelado por un temor violento que le empequeñecía, a que reaparecieran. El negro acharolado[7], las capas verdes y emplomadas[8], los fusiles terciados[9] o colgados del hombro.

Volvían lentamente y luego, uno por uno, entraban en el tren.

No le extrañó[10] que pudieran venir a recórdárselo. Siempre pensó que alguien, como él, debió de guardar aquel recuerdo en un escondrijo[11] de la memoria. Así que cuando el desconocido dijo el día, la fecha exacta y, sobre todo, el número: —«Éramos dos, nada más que dos» —, lo vio con claridad. A fin de cuentas, su mente estaba lúcida[12], en ocasiones alerta[13]. Otra cosa es que estuviera baldado[14], preso en aquella silla de ruedas[15].

Aquel día sí, fue diferente. Principios de septiembre.

A lo mejor ya refrescaba[16] un poco. El aire estaba limpio, para descubrir mejor la vileza[17] del día, su indiferencia. Empezó porque eran dos, tan sólo dos. El primero, ágil, menudo[18], vestido con un

---

1 el restallido: Knall
2 hueco/-a: hohl, *hier* dumpf
3 el disparo: Schuss
4 enredarse: *hier* sich übertönen
5 un grito ahogado: ein erstickter Schrei
6 aguardar: esperar
7 el negro acharolado: *etwa* das Schwarz der Soldatenstiefel
8 emplomado/-a: mit Blei beschwert
9 terciado/-a: *hier* über die Schulter gelegt
10 extrañar a alg.: sorprender a alg.
11 en un escondrijo de la memoria: *etwa* in einem versteckten Winkel des Gedächtnisses
12 lúcido/-a: klar (Verstand)
13 alerta: wach, aufmerksam
14 baldado/-a: gelähmt
15 la silla de ruedas: Rollstuhl
16 refrescar: kühler werden
17 la vileza: Abscheulichkeit
18 menudo/-a: bajo/-a

traje oscuro y camisa blanca. Saltó del tren y durante un momento estuvo con el brazo levantado, mientras, el otro, un hombretón[1] grueso y calvo[2], se quedaba aún en la parte superior de la escalerilla.

Estaba seguro (tan seguro como que si miraba hacia la sombra donde se escondía el hombre, apenas podría ver más que los nudillos[3] de la mano sana cerrada, porque la otra, la dañada, ya había vuelto a bajarla) de que el más joven le miró fijamente desde el otro lado de las vías, como si le dijera: «Aquí estoy. Tú estás ahí. Mírame, me van a matar. Ya que no puedes hacer nada, sé, por lo menos, testigo».

Fueron unos instantes, tres o cuatro segundos nada más. Luego el otro terminó de bajar, a rastras[4], y un guardia los empujó con la culata[5] del fusil, gritando. Sí, esa vez hubo gritos. El ritual se quebró[6]. Fue menos solemne el paso de la comitiva. El hombre grueso se resistía, se negaba a caminar. Unos metros más adelante, como el hombre grueso siguiera retrasándose[7], el guardia le pegó con más fuerza y se cayó gimiendo[8].

Fue entonces cuando dijo que el grillete[9] le quemaba[10] tanto, la presión era tan despiadada[11], que dejó de sentir la muñeca[12]. Fue como un anticipo[13] de la muerte. Se tambaleaba[14] mientras el hombre grueso se arrastraba[15], tratando de no perder el equilibrio. Sigui-

---

1 el hombretón: hombre alto
2 calvo/-a: glatzköpfig
3 el nudillo: Fingerknöchel
4 a rastras: widerwillig
5 la culata: Kolben
6 quebrarse: *hier* durchbrechen
7 retrasarse: *hier* stehen bleiben, nicht weitergehen wollen
8 gemir (e>i): stöhnen
9 el grillete: Fessel, *hier* Handschelle
10 quemar: *hier* ins Fleisch schneiden
11 despiadado/-a: cruel, brutal
12 la muñeca: Handgelenk
13 el anticipo: *aquí* Vorbote, Vorzeichen
14 tambalearse: wanken, schwanken
15 arrastrarse: *hier* sich dahinschleppen

eron arreándolo[1] a gritos y a culatazos y él caminó tambaleándose. Los otros ferroviarios[2] miraban muy quietos, nadie decía nada. Luego desaparecieron. «Se acabó», pensó.

En el andén, cada empleado, cada viajero, intentaba hacer como si nada ocurriera, pero en cada movimiento, en cada gesto, en cada palabra que se pronunciaba —se quisiera o no, había que hablar, moverse— subyacía[2] el ritual de la muerte que se celebraba monte abajo.

Pensó que la mirada del condenado no había sido ni patética[4] ni angustiada. El patético, el angustiado, era él. Un temblor[5] irreprimible[6] comenzó a agitar su cuerpo y un súbito aflojamiento[7] de sus brazos hizo que se deslizara[8] el banderín y cayera, chocando contra el cemento gris y manchado.

Fue como una señal. Comenzaron los disparos. Los contó mientras recogía el banderín que había rodado, desplegando[9] un trozo de tela funeral[10], negra. Los contó, pero en seguida perdió la cuenta; porque no eran seis o siete, como de costumbre, o diez o doce, sino más, muchos más, como si alguien hubiera enloquecido[11] en aquella cortadura del terreno donde imaginaba el cuadro[12]: los guardias atrás, un poco separados —«para no ser sorprendidos»— apuntando, tirando, y los presos encadenados[13], doblándose[14] ya bajo las balas. Los disparos continuaron después de una pausa, los

1 arrear a alg.: empujar a alg.
2 el/la ferroviario/-a: Bahnreisende
2 subyacer: zugrunde liegen; *hier* mitschwingen
4 patético/-a: schmerzvoll, leidend
5 el temblor: Zittern
6 irreprimible: nicht zu unterdrücken
7 el aflojamiento: *hier* Kraftlosigkeit
8 deslizarse: zu Boden gleiten
9 desplegar (e>ie): *hier* entrollen
10 la tela funeral: Trauertuch, Trauerflor
11 enloquecerse (c>zc): volverse loco/-a
12 el cuadro: *aquí* la escena
13 encadenado/-a: in Ketten
14 doblarse: *hier* sich krümmen

guardias debían estar cargando[1] los Máuser[2] con nuevos peines de balas. Llegó otra oleada[3].

La sucesión de disparos tuvo su efecto allá arriba en la estación: rompió el encantamiento[4] que parecía envolver a los que estaban en el andén. Miradas que se rehuían[5] se encontraron. Un perro vagabundo que pasaba el tiempo entre las vías y se alimentaba de los restos que le tiraban los de la cantina, comenzó a aullar[6] y se lanzó como una flecha fuera de la estación. Un tren, próximo al cruce, silbó. Echó a andar[7] hacia el extremo del andén.

En ese momento aparecieron los guardias. No venían andando ordenadamente, como otras veces, casi desfilando[8]. Con el cabo[9] en cabeza[10] aparecieron de pronto entre los arbustos y las zarzas, presurosos[11], hablándose a gritos. Los vio venir cruzando las vías, los fusiles aún en las manos y, uno de ellos —el cabo—, se encaró[12] con él:

—¡El teléfono, rápido!

Señaló con un movimiento su despacho, siguió con la vista al cabo que entró en la habitación dando un golpe y dejó el fusil sobre la mesa. Le vio girar la manivela[13] y gritar pidiendo comunicación. Otro guardia, menos excitado, estaba a un paso de él, la culata del fusil reposando en el suelo.

—¿Qué ha pasado? —preguntó.

El guardia dijo:

---

1 cargar: *hier* nachladen
2 el Máuser: Name eines Gewehrs
3 la oleada: *hier* Salve
4 romper el encantamiento: *hier* den Bann brechen
5 rehuir (-y-): meiden
6 aullar: jaulen
7 echar a andar: empezar a andar
8 desfilando: *hier* in Reih und Glied
9 el cabo: *hier* Truppführer
10 en cabeza: an der Spitze
11 presuroso/-a: rápido/-a
12 encararse con alg.: *aquí* dirigir la palabra a alg.
13 girar la manivela: die Kurbel (des Telefons) drehen

—Uno que se ha escapado. Para mí que lleva lo suyo[1], pero hay que avisar a la línea[2].

Luego se fueron y las cosas volvieron a su calma. Uno que se ha escapado, pensó. Por la noche bajó hasta allí. Recuerda haber pisado[3] con precaución[4] aquella senda[5] que bajaba ondulando[6] hasta la diminuta cala donde batía[7], en pequeñas sacudidas[8], el agua de la ría[9]. No llegó hasta abajo. Hacia la mitad del descenso lanzó una ráfaga de luz[10] con la linterna eléctrica[11] sobre la plataforma rocosa[12].

Allí estaba, envuelto en sangre, el hombre grueso, de bruces[13], los brazos colgando y metidos en el agua. No echó más que un rápido vistazo. De modo que era el otro el huido. Ya estaría muerto, ahogado[14] o alcanzado por los disparos y su cadáver aparecería en cualquier playa de la ría, como el de tantos.

Subió de nuevo y orinó[15] largamente junto a una vía muerta[16]. A lo mejor al pobre diablo de allá abajo lo vendrían a recoger sus familiares al día siguiente. O si no se quedaría allí pudriéndose[17], hasta que se le unieran otros cadáveres y comenzara el pestazo[18]. Eran pocas las veces que acudían los familiares. Por lo general,

---

1 llevar lo suyo:
2 avisar a la línea: Meldung machen
3 pisar: betreten
4 con precaución: con cuidado
5 la senda: el camino
6 bajar ondulando: sich hinabschlängeln
7 batir: branden
8 la sacudida: Stoß, *hier* Welle
9 la ría: Ria (tief ins Land eindringende Meeresbucht)
10 la ráfaga de luz: Lichtstrahl (einer Lampe)
11 la linterna eléctrica: Taschenlampe
12 la plataforma rocosa: *hier* Felsvorsprung (an der Küste)
13 de bruces: auf dem Bausch
14 ahogarse: ertrinken
15 orinar: urinieren, pinkeln
16 la vía muerta: Abstellgleis
17 pudrirse: verfaulen, verrotten, verwesen
18 el pestazo: Gestank, Leichengeruch

cuando el olor era insufrible[1] y llegaba hasta la estación, mandaban al sepulturero[2] de Vilamor[3] con tres o cuatro hombres más, y los recogían. Los metían en unos ataúdes[4] de madera sin desbastar[5] e los llevaban.

El desconocido —que ya no lo era, es verdad— estaba sentado y fumaba lentamente, con deleitación[6], un cigarrillo negro que le había dado el viejo. Estaba otra vez callado. Casi hubiera necesitado escuchar aquella historia. Escuchar los pormenores[7], la mano arrancada[8] por el tirón salvaje[9] contra el terror inerte[10] de su compañero, la corriente[11] llevándole bien lejos la cala, al otro lado de la ría, y luego el despertar en una casa de marineros. Allí, dijo, le cortaron[12] lo que le quedaba de mano y le cauterizaron[13] la herida al fuego.

Durante años vivió oculto por aquella gente —el padre, el que lo recogió, había muerto hacía poco de cáncer, la mujer vivía con una de sus hijas, los dos hombres estaban en Alemania, informó— escondido tras un falso techo[14], compartiendo su miseria. Un médico que ayudaba clandestinamente a los huidos terminó de curarle el brazo mutilado[15]. Luego, al cabo de cinco años, se marchó

---

1   insufrible: insoportable
2   el sepulturero: Totengräber
3   Vilamor: Santa María de Vilamor, kleiner Gemeindebezirk nahe der galicischen Nordküste
4   el ataúd de madera: Holzsarg
5   sin desbastar: unbearbeitet
6   con deleitación: genußvoll
7   los pormenores: los detalles
8   arrancar: *hier* ausreißen, abreißen
9   el tirón salvaje: heftiger Stoß, Ruck
10   el terror inerte: *etwa* bleierne Angst
11   la corriente: Strömung
12   cortar: *hier* amputieren
13   cauterizar: kauterisieren (Verätzen einer Wunde zur Blutstillung)
14   el falso techo: abgehängte Zimmerdecke
15   mutilado/-a: verstümmelt

y vivió casi un año en el monte[1], durmiendo en cuevas, alimentándose de bellotas[2] y de raíces, hasta que no pudo más.

Bajó del monte y se entregó[3], presentándose al cura de su parroquia. No le reconocieron con las barbas y las melenas[4] tan crecidas.

5 Aún cumplió tres años de cárcel «por ayuda a la rebelión». Después vivió como pudo[5]. Al ser maestro se las arregló para dar clases particulares, y como aprendió a valerse[6] de la mano izquierda, se empleó de escribiente[7] en una notaría[8].

El viejo movía la cabeza mientras el otro explicaba. Luego se

10 quedaron quietos y callados los dos. Fue el viejo quien habló esa vez.

—¿Y ahora?

—Ahora —dijo el hombre y pisó la pava[9] del cigarrillo—. Me han dicho que si mando una instancia[10] suplicando[11] que me repongan[12] podré volver a trabajar como maestro. —Volvió a callar. Miró

15 hacia fuera, hacia el bosquecillo donde los pájaros habían iniciado la algarabía[13] del atardecer. El viejo apartó la mirada. Cruzó las manos sobre la manta escocesa[14] que cubría su regazo[15].

—Entonces era joven. Ahora han pasado muchos años. ¿Qué voy a enseñar?

20 Al viejo le hubiera gustado decirle una palabra de ánimo y durante un momento estuvo a punto de hacerlo. Pero al final le

---

1 en el monte: *hier* in den Bergen
2 la bellota: Eichel
3 entregarse: sich stellen
4 las melenas: el pelo largo
5 vivió como pudo: *etwa* er schlug sich durch
6 valerse de a/c: *aquí* utlizar a/c
7 el/la escribiente: Schreibkraft
8 la notaría: Notariat
9 la pava: *aquí* Stummel
10 la instancia: Gesuch, Antrag
11 suplicar a/c a alg.: pedir a/c a alg.
12 reponer a alg.: *aquí* rehabilitar a alg.
13 la algarabía: Gezeter, *hier* Gezwitscher
14 la manta escoceza: Decke mit Schottenmuster
15 el regazo: Schoß

venció su desaliento[1]. Sentía pena por sí mismo, inmóvil en la silla de ruedas, en un cuarto que se había empezado a enfriar, y su soledad le pesó como nunca.

Su memoria se había contraído[2] de nuevo y el desconocido volvía a ser el del principio: un extraño que asomaba por el umbral 5 de su puerta, saludaba y charlaba un rato. ¿Cuándo volvería su hija? Llegaría la noche y seguiría allí sentado, sin fuerzas ni ganas de moverse.

El hombre se levantó. Había venido hasta allí —había preguntado en Vilamor dónde vivía, si es que vivía, el jefe de estación[3] 10 de entonces— para contar su historia y ahora sentía un curioso[4] pudor[5]. Estiró el brazo mutilado hasta que la manga de la americana[6] lo cubrió por completo. Se sentía cansado y, hasta cierto punto, confundido. Miró al viejo. Los ojos de éste ya no expresaban nada. 15

Dijo:

—Bueno, adiós.

El viejo no contestó. Parecía haber agotado[7] su provisión[8] de palabras. Monte abajo vio cómo iban encendiendo, de una en una, las luces de la estación y oyó el sonido largo y majestuoso de una 20 locomotora grande. El mar fosforecía[9] en la sombra y la brisa traía su olor.

---

1 el desaliento: *hier* Unlust, Schwermut
2 contraerse: *aquí* cerrarse
3 el jefe de estación: Bahnhofsvorsteher
4 curioso/-a: *aquí* raro/-a, extraño/-a
5 el pudor: Schamgefühl
6 la (chaqueta) americana: Jackett
7 agotar: *hier* aufbrauchen
8 la provisión: Vorrat
9 fosforecer: *hier* schwach leuchten

Tareas

1. Marca con un color las partes del relato que se refieren a los acontecimientos del año 1936 y con otro las que se desarrollan en la actualidad de la narración.

2. *Trabajo por parejas (a+b):* Presentaos mutuamente la información sobre el primer contacto de los dos protagonistas en 1936. ¿Quiénes fueron (a) el viejo y (b) el desconocido y qué vivieron juntos?

3. Analiza cómo el narrador presenta el reencuentro de los protagonistas en la actualidad.

4. Imagina que esta historia fuera real. Eres un/a bloguero/-a que se compromete con la recuperación de la memoria histórica de la guerra civil y la posguerra. En tu blog «Que mi nombre no se olvide» recoges las historias de víctimas de la represión franquista. Presenta y comenta el destino del desconocido en una entrada de tu blog, exigiendo que se repare la injusticia cometida con él.

Alberto Méndez
Segunda derrota o Manuscrito hallado en el olvido

Este texto fue encontrado en 1940 en una braña[1] de los altos de Somiedo[2], donde se enfrentan Asturias y León. Se encontraron un esqueleto adulto y el cuerpo desnudo de un niño de pecho[3] sorprendentemente conservado sobre unos sacos de arpillera[4] tendidos en un jergón[5]; una piel de lobo[6] y lana de cabra montesa[7], pelos de jabalí[8] y unos helechos[9] secos les cobijaban[10]. Los dos cuerpos estaban juntos y envueltos en una colcha blanca, «como formando un nido», reza el atestado[11], cuya limpieza contrastaba con el resto del habitáculo[12], sucio, maloliente[13] y miserable. Resecos[14] pero aún hediondos[15], los restos de una vaca a la que le faltaba una pata y la cabeza. En 1952, buscando otros documentos en el Archivo General de la Guardia Civil, encontré un sobre amarillo clasificado como DD (difunto[16] desconocido). Dentro había un cuaderno con pastas de hule[17], de pocas páginas y cuadriculado, cuyo contenido transcribo. Estaba enteramente

1 la braña: *hier* Hirtenhütte, Berghütte
2 los altos de Somiedo: Teil des Kantabrischen Gebirges im Grenzgebiet von Asturien und der Provinz León.
3 el/la niño/-a de pecho: Säugling
4 el saco de arpillera: Jutesack
5 el jergón: *hier* Strohlager
6 la piel de lobo: Wolfspelz
7 la lana de cabra montesa: Ziegenwolle
8 el jabalí: Wildschwein
9 el helecho: Farn
10 cobijar a alg.: cubrir, tapar a alg.
11 reza el atestado: *etwa* so steht es im Polizeiprotokoll
12 el habitáculo: la pieza, la habitación
13 maloliente: que huele mal
14 reseco/-a: ausgedörrt, dürr
15 hediondo/-a: stinkend
16 el/la difunto/-a: el/la muerto/-a
17 las pastas de hule: Wachseinband (eines Heftes oder Buches)

escrito con una caligrafía[1] meliflua[2] y ordenada. Al principio la escritura es de mayor tamaño, pero poco a poco se va reduciendo, como si el autor hubiera tenido más cosas que contar de las que cabían en el cuaderno. A veces, los márgenes[3] aparecen ribeteados[4] por signos
5 *incomprensibles o comentarios escritos en otro momento posterior. Esto se deduce en primer lugar por la caligrafía (que como digo se va haciendo cada vez más pequeña y minuciosa) y en segundo lugar porque refleja claramente estados de ánimo distintos. En cualquier caso recojo[5] estos comentarios en sus páginas correspondientes. El*
10 *cuaderno fue descubierto por un pastor[6] sobre un taburete[7] bajo una pesada piedra que nadie hubiera podido dejar allí descuidadamente8. Un zurrón de cuero[9] vacío, un hacha[10], un camastro[11] sin colchón y dos pocillos de barro[12] sobre el hogar[13] apagado es lo único que inventarió[14] el guardia civil que levantó el atestado[15]. Del techo colgaba un*
15 *sencillo vestido negro de mujer. No había más señal de vida, pero el informe sí recoge —y eso es lo que me indujo16 a leer el manuscrito— que, en la pared, había una frase que rezaba: «Infame turba de nocturnas aves»[17]. El texto es éste:*

1 la caligrafía: Schönschrift
2 melifluo/-a: *aquí* muy bonito/-a
3 el margen: Rand
4 ribeteado/-a: *hier* beschrieben mit
5 recoger: *aquí* reproducir
6 el pastor: Hirte, Schäfer
7 el taburete: Schemel, Hocker
8 descuidadamente: *hier* aus Versehen
9 el zurrón de cuero: Ledertasche
10 el hacha: Beil
11 el camastro: Pritsche
12 el pocillo de barro: Tonschalen
13 el hogar: *hier* Feuerstelle
14 inventariar: *hier* auflisten
15 levantar el atestado: den Polizeibericht verfassen
16 inducir (c>zc) a alg. a hacer a/c: llevar a alg. a hacer a/c
17 Infame turba de nocturnas aves: bekannter Vers des Dichters Luis Miguel de Góngora (1561–1627), mit dem er Fledermäuse bezeichnet; wörtlich etwa: «niederträchtige Meute von Nachtvögeln»

PÁGINA 1

Elena ha muerto durante el parto[1]. No he sido capaz de mantenerla a este lado de la vida. Sorprendentemente el niño está vivo.

Ahí está, desmadejado[2] y convulsivo[3] sobre un lienzo[4] limpio al lado de su madre muerta. Y yo no sé qué hacer. No me atrevo a tocarlo. Seguramente le dejaré morir junto a su madre, que sabrá 5
cuidar de un alma[5] niña y le enseñará a reír, si es que hay un sitio para que las almas rían. Ya no huiremos a Francia. Sin Elena no quiero llegar hasta el fin del camino. Sin Elena no hay camino.

¿Cómo se corrige el error de estar vivo? ¡He visto muchos muertos pero no he aprendido cómo se muere uno! 10

PÁGINA 2

No es justo que comience la muerte tan temprano, ahora que aún no ha habido tiempo para que la vida se diera por nacida.

He dejado todo como estaba. Nadie podrá decir que he inter- 15
venido. La madre muerta, el niño agitadamente vivo y yo inmóvil por el miedo. Es gris el color de la huida y triste el rumor de la derrota[6].

(*Hay un poema tachado del que se leen sólo algunas palabras:* «vigoroso[7]», «sin luz» *[o* «mi luz», *no está claro] y* «olvidar el estru- 20
endo[8]». *Al margen y con letra más pequeña hay una frase:* «¿Es este niño la causa de la muerte o es su fruto?».)

PÁGINA 3

Quiero dejar todo escrito para explicar a quien nos encuentre que él también es culpable, a no ser que[9] sea otra víctima. Quien lea

1 el parto: Entbindung, Geburt
2 desmadejado/-a: sin fuerza, débil
3 convulsivo/-a: strampelnd, zuckend
4 el lienzo: *hier* Stück Stoff
5 el alma (*f.*): Seele
6 la derrota: Scheitern, Niederlage
7 vigoroso/-a: fuerte
8 el estruendo: el ruido
9 a no ser que: sofern nicht

lo que escribo, por favor, que esparza[1] nuestros restos por el monte. Elena no pudo llegar más lejos y el niño y yo queremos permanecer a su lado. Sólo soy culpable de no haber evitado que ocurriera lo ocurrido. No aprendí a sortear[2] la pena y la pena me ha amputado

5 a Elena con su dalle[3]. Además yo sólo sé escribir y contar cuentos. Nadie me enseñó a hablar estando solo ni nadie me enseñó a proteger la vida de la muerte. Escribo porque no quiero recordar cómo se reza[4] ni cómo se maldice[5].

¿Cómo puede terminar una historia tan hermosa en una mon-

10 taña sacudida[6] por el viento? Es sólo octubre pero aquí arriba el otoño se convierte en invierno cada noche.

El niño ha llorado todo el día, con una fuerza sorprendente. Ha conseguido que piense en él, aunque he claveteado[7] mi mirada en el rostro[8] de Elena muerta y he pasado toda la mañana sin pre-

15 starle atención. Ahora caigo[9] en que no he derramado[10] ni una sola lágrima, probablemente porque el llanto del niño es suficiente. Y necesario. Yo no hubiera conseguido llorar con tanto desconsuelo[11], no hubiera logrado gritar con tanta rabia. Elena ha sido llorada sin mi esfuerzo. ¿Cómo puede llorar un hombre y desvanecerse[12] al

20 mismo tiempo? Ahora parece que el niño ha perdido los sentidos[13]. Me he acercado a mirarle y he comprobado que aún respira, aunque, al intentar moverle, he tenido la sensación de que alguien le había arrancado[14] el esqueleto.

1 esparcir: verstreuen
2 sortear: *aquí* evitar
3 el dalle: Sense
4 rezar: beten
5 maldecir: fluchen
6 sacudir: schütteln
7 clavetear la mirada en alg.: mirar fijamente a alg.
8 el rostro: *lit.* la cara
9 caer en a/c: comprender a/c
10 derramar: vergießen
11 el desconsuelo: *aquí* la desesperación
12 desvanecerse (c>zc): desaparecer, *aquí* morir
13 perder (e>ie) los sentidos: ohnmächtig werden
14 arrancar: herausreißen

PÁGINA 4

He observado atentamente el rostro blanco de Elena. Su palidez ya no es tan macilenta[1] como en el momento de la muerte. Sencillamente ha perdido todos los colores. Quizá la muerte sea transparente. Y heladora[2]. Durante las primeras horas he sentido la necesi- 5 dad de mantener su mano entre las mías, pero poco a poco me he encontrado unos dedos sin caricias[3] y he sentido miedo de que fuera ése el recuerdo que quedara grabado en mi piel insatisfecha. Llevo varias horas sin tocarla y ya no soy capaz de reposar[4] junto a su cuerpo. El niño sí. Ahora yace[5] exhausto acurrucado[6] junto a su 10 madre. Por un momento he pensado que pretendía devolver el calor al cuerpo inerte[7] que le sirvió de refugio mientras duró el zumbido de la guerra[8].

Sí. Hemos perdido una guerra y dejarnos atrapar[9] por los fascistas sería lo mismo que regalarles otra vez otra victoria. Elena ha 15 querido seguirme y ahora sabemos que nuestra decisión ha sido errónea. Quiero pensar que jamás se cometió un error tan generoso[10].

Debimos hacer caso a sus padres, a los que pido perdón por permitir que Elena me acompañase en mi huida. 20

Que te quedes, no te harán daño, le dije. Que te sigo. Que me matan. Que me muero. Hablábamos de la muerte para dejar la vida al descubierto[11]. Pero nos equivocábamos. Nunca debimos emprender un viaje tan interminable estando ella de ocho meses.

1   macilento/-a: *aquí* intenso/-a
2   helador/a: muy frío/-a
3   sin caricias: *aquí* sin vida
4   reposar: estar, encontrarse
5   yacer: estar, encontrarse
6   acurrucado/-a: zusammengekauert
7   inerte: muerto/-a, sin vida
8   el zumbido de la guerra: *hier* die Wirren des Krieges
9   dejarse atrapar: sich erwischen lassen
10   generoso/-a: großherzig, großmütig
11   dejar a/c al descubierto: etw. bloßlegen

El niño no vivirá y yo me dejaré caer en los pastos[1] que cubrirá la nieve para que de las cuencas de mis ojos[2] nazcan flores que irriten a quienes prefirieron la muerte a la poesía. ¡Miguel, se cumplirá tu profecía! ¿Dónde estarás ahora, Miguel, que no puedes consolarme?
5 Daría una eternidad por poder escuchar otra vez tus versos líquidos, tu palabra templada[3], tus consejos de amigo. Quizá tanto dolor me convierta en un poeta, Miguel, y puede que ya no tengas que rezumar[4] tanta benevolencia[5]. ¿Recuerdas cuando me llamabas el arquero[6] proletario? Elena te quería por eso y te seguirá queriendo
10 aunque esté muerta.

PÁGINA 5

¿Hubiera preferido Elena que separara al niño de la placenta que le rodea, atara[7] su cordón umbilical[8] con una de mis botas e intentara que humilláramos a los vencedores con la vida germinal[9] de la
15 revancha? Pienso que ella no hubiera querido un hijo derrotado[10]. Yo no quiero un hijo nacido de la huida. Mi hijo no quiere una vida nacida de la muerte. ¿O sí?

Si el dios del que me han hablado fuera un dios bueno, nos permitiría elegir nuestro pasado, pero ni Elena ni su hijo podrán desan-
20 dar[11] el camino que nos ha traído hasta esta braña que será su sepultura[12].

Esta madrugada me venció el sueño y me quedé dormido apoyado en la mesa. Me despertó el llanto del niño, ahora menos

---

1 el pasto: Weide, Wiese
2 la cuenca del ojo: Augenhöhle
3 templado/-a: *hier* sanft
4 rezumar: *hier* versprühen, verströmen
5 la benevolencia: Wohlwollen
6 el arquero: Bogenschütze
7 atar: *hier* abbinden
8 el cordón umbical: Nabelschgnur
9 la vida germinal: *etwa* Keimzelle
10 derrotado/-a: vencido/-a, fracasado/-a
11 desandar: *hier* ungeschehen machen
12 la sepultura: Grab

vigoroso, más convaleciente[1]. Su rabia de ayer me producía indiferencia, su lamento de hoy me ha dado pena. No sé si es que estaba aturdido[2] por el sueño y el frío o que a mí también comienzan a faltarme las fuerzas al cabo de tres días sin comer nada, pero lo cierto es que, impensadamente, me he encontrado dándole a chupar un   5
trapo[3] mojado[4] en leche desleída en agua[5]. Al principio no sabía si vivir o dejarse llevar por mi proyecto, pero al cabo de un rato[6] ha comenzado a sorber[7] el líquido del trapo. Ha vomitado, pero ha seguido chupando con avidez[8]. La vida se le impone a toda costa.

Creo que ha sido un error tenerle en brazos. Creo que ha sido un   10
error alejarle un instante de la muerte, pero el calor de mi cuerpo y el alimento que ha logrado ingerir le han sumido en un sueño desmadejado[9] y profundo.

→ Tareas A

PÁGINA 6   15

Con unos sacos para el heno[10] he hecho una cuna[11] abrigada y la he cubierto con la colcha de ganchillo[12] heredada de su abuela y que Elena insistió en llevar consigo como si en ella estuviera resumido su pasado. No es ya tan acogedora como lo fue cuando compartíamos la huida pero da calor al niño y es probable que aún quede algo   20
en ella del aroma de su madre.

Debo confesar que no he soportado la comparación de la vida y de la muerte.

---

1   convaleciente: *aquí* conmovedor/-a
2   aturdido/-a: muy cansado/-a
3   el trapo: Lappen
4   mojar: *hier* tunken
5   desleír en agua: *hier* mit Wasser vermischen
6   al cabo de un rato: después de un momento
7   sorber: schlürfen, *hier* saugen
8   con avidez: gierig
9   desmadejado/-a: *aquí* sin efectos positivos
10   el heno: Heu
11   la cuna: Wiege, *hier* Bettchen
12   la colcha de ganchillo: Häkeldecke

Verles a los dos en la misma cama, boca arriba, Elena tan acabada y él tan sin hacer, ha sido como trazar una raya[1] entre lo verdadero y lo falso. Repentinamente la muerte era muerte, nada más que muerte, sin los candores[2] del cuerpo, sin lo animal de la vida.

5 Un cadáver, al cabo de tres días, es un mineral[3] sin la humedad del aliento[4], sin la fragilidad de las flores. Ni siquiera es algo indefenso. Es algo que no puede sentirse acorralado[5] y, sin embargo, se agazapa[6] como si quisiera pasar desapercibido. Un cadáver, al cabo de tres días, es sólo soledad y ni siquiera tiene el don[7] de la tristeza. Al

10 niño se le está secando el cordón umbilical. Y llora.

(*Alrededor de este texto hay un dibujo muy sutil*[8] *en el que se adivina una estrella fugaz*[9], *o la representación infantil de un cometa, que choca violentamente contra una luna menguante*[10] *que llora.*)

15 PÁGINA 7

No he comido. Aún tengo un poco de pan seco y unas conservas de pescado que trajimos en la huida. El niño ha vuelto a tomar leche desleída. Parece que se sacia[11]. Hoy enterraré[12] a su madre junto al roble[13]. No tengo fuerzas para ordeñar[14] las vacas pero se

20 están poniendo enfermas y sus mugidos[15] tampoco me dejan pensar en Elena. Quisiera que subieran del valle a recoger el ganado[16]

---

1 trazar una raya: *hier* eine Grenze ziehen
2 el candor: *aquí* el calor
3 el mineral: *aquí* la piedra
4 el aliento: Atem
5 acorralado/-a: bedrängt, bedroht
6 agazaparse: sich wegducken
7 el don: Gabe
8 sutil: fino/-a
9 la estrella fugaz: Sternschnuppe
10 la luna menguante: abnehmender Mond, *hier* Mondsichel
11 saciarse: satt werden
12 enterrar (e>ie) a alg.: jdn begraben
13 el roble: Eiche
14 ordeñar: melken
15 el mugido: Muhen
16 el ganadao: Vieh

para no tener que decidir si me alimento o me dejo caer rodando muerte abajo[1]. Pero, en este tiempo de horror, incluso el ganado está resolviendo la vida[2] a su manera. Mientras no llegue el invierno estos animales ignorarán que existe el lobo[3], el frío y la correlación de fuerzas[4]. Hoy por hoy, estamos corriendo la misma suerte[5]. Las cuatro o cinco que deben ser ordeñadas morirán si alguien no lo hace. ¿Cómo ha podido desaparecer quien las cuidaba, justo ahora? Pero eso qué más da[6] en estos tiempos tan aciagos[7]. Además, mientras tomo una decisión, necesitaré leche para el niño.

Llueve. Mejor así. Nadie se atreverá a subir hasta esta braña con un tiempo tan desapacible. He logrado acorralar[8] dos vacas. Una de ellas tiene mastitis[9]. Tendré que matarla para que no sufra. Hoy el niño ha comido tres veces.

PÁGINA 8

Ayer enterré a Elena bajo un haya[10]. Es más frágil que el roble y más desvencijada[11]. El ruido de la tierra cayendo sobre su cuerpo rígido y el olor de su cuerpo en descomposición[12] provocaron en mí un llanto tan sofocante que por un momento tuve la sensación de que también yo iba a morir. Pero morir no es contagioso[13]. La derrota sí. Y me siento transmisor[14] de esa epidemia. Allá adonde yo vaya olerá a derrota. Y de derrota ha muerto Elena y de derrota morirá mi hijo al que todavía no he podido poner nombre. Yo he

---

1 dejarse caer muerte abajo: *etwa* sich dem Tod hingeben
2 resolver (o>ue) la vida: *hier* das Leben meistern
3 el lobo: Wolf
4 la correlación de fuerzas: Zusammenspiel der (Natur-)Kräfte
5 estamos corriendo la misma suerte: *hier* uns droht das gleiche Schicksal
6 eso que más da: was macht das schon
7 aciago/-a: unheilvoll
8 acorralar: einfangen, einpferchen
9 tener mastitis: einen entzündeten Euter haben
10 el haya: Buche
11 desvencijado/-a: brüchig
12 en descomposición: verwesend
13 contagioso/-a: ansteckend
14 el/la transmisor/a: persona que transmite una enfermedad

perdido una guerra y Elena, a la que nadie jamás hubiera pensado en considerar un enemigo, ha muerto derrotada. Mi hijo, nuestro hijo, que ni siquiera sabe que fue concebido[1] en el fulgor[2] del miedo, morirá enfermo de derrota.

5   He puesto una gran piedra blanca sobre su tumba. No he escrito su nombre porque, si aún hay ángeles, sé que reconocerán el alma bondadosa[3] de Elena entre un mar de almas bondadosas. Trato de recordar versos de Garcilaso[4] para orar[5] sobre tu tumba, Elena, pero ya no recuerdo ni siquiera la memoria. ¿Cómo eran?

10   *(Hay varios intentos fallidos de transcribir el poema, pero todo está tachado aunque aún son legibles[6] los siguientes versos:*

Las lágrimas que en esta sepultura se vierten hoy en día y se vertieron recibe, aunque sin fruto allá te sean, hasta que aquella eterna noche oscura me cierre aquestos ojos que te vieron, dejándome con

15   otros que te vean.[7])

PÁGINA 9

No sé por qué estoy escribiendo este cuaderno. Sin embargo me alegro de haberlo traído conmigo. Si tuviera alguien con quien hablar probablemente no lo haría; siento cierto placer morboso[8] pensando

20   en que alguien leerá lo que escribo cuando nos encuentren muertos al niño y a mí. He puesto una lápida[9] de piedra sobre la tumba de

---

1   concebir a alg.: jdn zeugen
2   el fulgor: Schein, *hier* Schatten
3   bondadoso/-a: gütig
4   Garcilaso: Garcilaso de la Vega (ca. 1498–1536), militar y poeta español del Siglo de Oro
5   orar: beten
6   legible: que se puede leer
7   Es handelt sich um das erste Terzett des 25. Sonetts von Garcilaso de la Vega. Das lyrische Ich spricht seine verstorbene Geliebte an. Frei übersetzt: *Nimm die Tränen, die an diesem Grab vergossen werden und geflossen sind, auch wenn sie dort, wo du bist, dir nicht zu Nutze sind, bis die ewige Nacht mir die Augen schließt und mir andere verleiht, die dich wieder sehen können.*
8   morboso/-a: krankhaft, morbid
9   la lápida: Grabstein

Elena para que sean tres los remordimientos[1], si bien[2] es cierto que ya ha pasado el tiempo de la compasión. Hace mucho frío. Pronto empezará a nevar y se cerrarán todos los caminos de acceso a esta braña. Tendré todo el invierno para decidir de qué muerte morire- mos. Sí, creo que el tiempo de la compasión ha terminado. 5

PÁGINA 10
(*Una serie de rostros muy mal dibujados pero evidentemente retra- tos, éntrelos que aparece tres veces un rostro de niño, dos uno de mujer —la misma mujer en ambos casos— y diversos rostros de ancianos de* 10 *ambos sexos, unos con boina[3], otras con pañoletas[4] atadas al cuello y un perro, este de cuerpo entero. Bajo todos estos dibujos una frase:* «¿Dónde yacéis[5]?»)

La vaca enferma muge y muge y ya no está dando leche. No me atrevo a matarla todavía porque necesito que se formen neveros[6] 15 para conservarla. Leña[7] hay abundante y conseguiré alimentar la otra desenterrando[8] hierba bajo la nieve. Sólo me preocupa el lápiz. Tengo uno y quisiera escribir lo necesario para que quien nos encuentre en primavera sepa qué muertos ha encontrado.

(*Escrito todo en mayúsculas e imitando letra de imprenta, la sigui- ente frase:* «SOY UN POETA SIN VERSOS».) 20

PÁGINA 11
Hoy ha nevado todo el día. Estas montañas deben de ser la resi- dencia de todos los inviernos.

---

1 para que sean tres los remordimientos: *etwa* zum Gedenken an drei Menschen
2 si bien: aunque
3 la boina: Baskenmütze
4 la pañoleta: Halstuch
5 yacer: estar
6 el nevero: *hier* Schneedecke
7 la leña: Feuerholz
8 desenterrar: ausgraben, *hier* freischaufeln

El niño sigue vivo y la nieve a nuestro alrededor parece una mortaja[1]. Tenemos carne suficiente con la vaca muerta que en parte mantengo ahumada[2] y en parte el invierno prematuro mantiene congelada. Afortunadamente disponemos de leche abundante gracias a la vaca viva, que ahora comparte con nosotros el refugio y nos da calor. Los boniatos[3] que robamos al pasar por Perlunes[4] se conservan perfectamente bajo la nieve y al niño parecen gustarle, a juzgar por la avidez con la que toma la sopa que logro hacerle. Es sorprendente cómo va ocupando lugar en el espacio. Recuerdo cuando era algo extraño dentro de la cabaña[5], algo que no debería estar allí. Ahora toda la cabaña gira alrededor a él, como si él fuera el centro. Los días de sol, que son pocos, nuestra cama refleja la luz como un espejo y todo el silencio se acumula en torno a los sonidos que constantemente emite el niño, ya sea porque llora, porque se sorprende de que exista un pie desnudo volando por el aire o una vaca mustia[6] y resignada donde debiera haber un hogar alumbrando a una familia. Su respiración apacible[7] y rítmica pone coto[8] a la soledad que, de no ser por él, me vencería.

PÁGINA 12

He encontrado una cabra montés[9] medio comida por los lobos. Todavía quedaban restos abundantes y hoy comeremos sus despojos[10]. Con los huesos y las vísceras[11] he logrado hacer una sopa muy suave que el niño acepta bien.

---

1 la mortaja: Leichentuch
2 ahumar: räuchern
3 el boniato: Süßkartoffel
4 Perlubes: pueblo de montaña en el Principado de Asturias
5 la cabaña: Hütte
6 mustio/-a: triste
7 apacible: tranquilo/-a
8 poner coto a a/c: interrumpir a/c, limitar a/c
9 la cabra montés: Steinbock
10 los despojos: los restos
11 las vísceras: Eingeweide

(*Aquí se produce un significativo cambio de caligrafía. Aunque la pulcritud*[1] *de la escritura se mantiene, los trazos*[2] *son algo más apresurados. O, cuando menos, más indecisos. Probablemente ha transcurrido bastante tiempo.*)

¿Me reconocerían mis padres si me vieran? No puedo verme 5 pero me siento sucio y degradado[3] porque, en realidad, ya soy también hijo de esa guerra que ellos pretendieron ignorar pero que inundó de miedo sus establos[4], sus vacas famélicas[5] y sus sembrados[6]. Recuerdo mi aldea silenciosa y pobre ajena a todo[7] menos al miedo que cerró sus ojos cuando mataron a don Servando, mi 10 maestro, quemaron todos sus libros y desterraron[8] para siempre a todos los poetas que él conocía de memoria.

He perdido. Pero pudiera haber vencido. ¿Habría otro en mi lugar[9]? Voy a contarle a mi hijo, que me mira como si me comprendiera, que yo no hubiera dejado que mis enemigos 15 huyeran desvalidos[10], que yo no hubiera condenado a nadie por ser sólo un poeta. Con un lápiz y un papel me lancé al campo de batalla y de mi cuerpo surgieron palabras a borbotones[11] que consolaron a los heridos y del consuelo que yo dibujaba salieron generales bestiales que justificaron los heridos. Heridos, generales, generales, heridos. 20 Y yo, en medio, con mi poesía. Cómplice. Y, además, los muertos.

---

1 la pulcritud: la finura, la exactitud
2 el trazo: *hier* Schriftzug
3 degradado/-a: humillado/-a
4 el establo: lugar para los caballos
5 famélico/-a: muy delgado, con aspecto de pasar hambre
6 el sembrado: el campo
7 ajeno/-a a todo: *hier* abgeschieden, einsam gelegen
8 desterrar (e>ie) a algn: jdn vertreiben, jdn verbannen
9 ¿Habría otro en mi lugar?: *hier* Hätte ich anders handeln können?
10 desvalido/-a: indefenso/-a, sin protección o ayuda
11 surgir a borbotones: hervorsprudeln

PÁGINA 13

(*Hay una frase tachada y, por tanto, ilegible[1]. El texto de esta página está sobre el contorno[2] de una mano infantil. Probablemente la mano del niño le sirvió de plantilla[3]. Aun así escribió encima:*)

5 Ha pasado el tiempo y no sabría contar los días porque se parecen unos a otros de tal manera que me sorprende que el niño crezca. Releo mi cuaderno y veo que ya no estoy donde estaba. Y si pierdo la ira[4], ¿qué me queda? El invierno es una caja cerrada donde se atropellan[5] las tormentas de nieve y estas montañas siguen pareciendo

10 el lugar donde pasan el invierno los inviernos. También mi tristeza se ha solidificado[6] con el frío. Sólo tengo el miedo que tanto miedo me daba. Tengo miedo de que el niño enferme, tengo miedo de que muera la vaca a la que apenas logro alimentar desenterrando raíces y la poca hierba que la nieve sorprendió aún viva. Tengo miedo de

15 enfermar. Tengo miedo de que alguien descubra que estamos aquí arriba en la montaña. Tengo miedo de tanto miedo. Pero el niño no lo sabe. ¡Elena!

El viento por las noches grita entre estos montes con un alarido[7] casi humano, como si estuviera enseñándonos al niño y a mí

20 cómo debiera ser el lamento de los hombres. Afortunadamente, esta braña resiste bien todas las tormentas.

PÁGINA 14

¡Hoy he matado un lobo! Han llegado cuatro a merodear[8] en torno a la cabaña. Al principio me he asustado porque su necesi-

25 dad de comer les confiere[9] una fiereza[10] casi humana, pero luego he

---

1 ilegible: que no se puede leer
2 el contorno: Umriss
3 servir (e>i) de plantilla: als Vorlage dienen
4 la ira: la furia, la rabia
5 atropellarse: *hier* aufziehen (Unwetter)
6 soldificarse: sich verfestigen
7 el alarido: Geheule
8 merodear: herumschleichen, herumstreunen
9 conferir (e>ie) a/c a alg.: *aquí* dar a/c a alg.
10 la fiereza: Wildheit, Grausamkeit

pensado que podrían ser una fuente de alimento. Cuando el lobo más grande se ha puesto a rascar[1] la puerta con las patas, he abierto cuidadosamente una rendija[2] suficientemente gralsande como para que metiera la cabeza y le he aprisionado[3] el cuello con la puerta. Un solo hachazo[4] ha sido suficiente. Con el hacha que utilizo de fall- eba[5] le he asestado[6] un golpe tal que su voracidad[7] se ha derramado con su sangre. Me lo comeré y utilizaré sus entrañas[8] para hacer algo comestible para el niño. Eso es bueno. Pero he vuelto a revivir el olor de la sangre, he vuelto a oír el ruido de la muerte, he visto otra vez el color de las víctimas. Y eso es malo.

(*En esta página hay un dibujo donde se ve la figura de un lobo con un niño a la grupa[9]; el aspecto de ambos es risueño[10] y levitan[11] sobre un campo florido, como si volaran.*)

PÁGINA 15
Un lobo le dijo a un niño que con su carne tierna[12]
iba a pasar el invierno.
El niño le dijo al lobo que sólo comiera una pierna
porque siendo aún tan tierno
iba a necesitar muy pronto que estuviera bien cebado[13]
pues llegaría un momento
en que, aunque cojito[14], necesitaría un asado[15]

---

1 rascar a/c: an etw. kratzen
2 la rendija: Spalt
3 aprisionar: *hier* einklemmen
4 el hachazo: Axthieb, Beilhieb
5 la falleba: *hier* Türriegel
6 atestar: *aquí* dar
7 la voracidad: Gefräßigkeit
8 las entrañas: Eingeweide
9 a la grupa: *hier* auf dem Rücken
10 risueño/-a: alegre
11 levitar: in der Luft schweben
12 tierno/-a: zart
13 cebado/-a: gordo/-a
14 cojo/-a (*dim.* cojito/-a): lahm
15 el asado: Braten

de lobo como alimento.
Se miraron, se olisquearon[1] y sintieron tanta pena
de tener que hacerse daño
que se pusieron de acuerdo para repetir la escena
5   evitándose el engaño
de que para sobrevivir dos personas que se quieran
sea siempre necesario
que, al margen de[2] sus afectos, unos vivan y otros

[mueran.
10   (*Y como corolario[3]:*)
Ambos murieron de hambre.
(*Bajo estos versos aparece un pentagrama[4] y una notación musical
que no corresponde a nada que se pueda transcribir en música. Han
sido varios los técnicos que han tratado de descifrar esa pretendida*
15   *partitura, pero ninguno lo ha logrado.*)

PÁGINA 16
Nieva. Nieva. Nieva. Con mi debilidad me resulta cada vez más
penoso[5] cortar leña para calentar la choza[6] donde vivimos la vaca,
el niño y yo. Los tres estamos cada vez más débiles. Sin embargo el
20   niño, al que todavía no he puesto nombre, tiene una vivacidad sorprendente. Emite ruidos guturales[7] cuando está despierto, como
gorjeos[8]. Por una parte me gusta que esté despierto porque su total
dependencia de mí me otorga[9] una importancia que nunca nadie
me había concedido, excepto Elena. Por otra, me aniquilan[10] sus

1   olisquearse: sich beschnuppern
2   al margen de a/c: neben, am Rande
3   el corolario: *hier* Schlussssatz, Folgerung
4   el pentagrama: Notenlinien
5   penoso/-a: *aquí* difícil
6   la choza: la cabaña, la braña
7   gutural: guttural, d.h. in der Kehle gebildet
8   el gorjeo: Brabbeln, Lallen
9   otorgar a/c a alg.: dar a/c a alg.
10   aniquilar a alg.: desanimar a alg.

ojos desbordando las órbitas[1] hasta parecer enormes y sus mejillas hundidas[2] buscando la calavera. Está muy delgado. La vaca también está muy delgada, aunque sigue dando leche suficiente para él y para mí. Yo estoy muy delgado y aterido[3].

No sé en qué mes estamos. ¿Serán ya las navidades?   5

Hoy, siguiendo las huellas de un animal, he descendido monte abajo hacia Sotre[4] y he visto unos leñadores[5] al fondo del valle. He sentido revivir en mí un miedo familiar y denso. Ahora estoy orgulloso de mi miedo, porque al final de esta guerra monstruosa he visto morir a demasiada gente por su arrojo[6]. Si sigo aquí mori-   10
remos la vaca, el niño y yo. Si descendemos al valle moriremos la vaca, el niño y yo.

PÁGINA 17

He pensado mucho en ello pero no quiero darles la última satisfacción de la victoria. Que muera yo puede ser justo, porque sólo he   15
sido un mal poeta que ha cantado la vida en las trincheras[7] donde anidaba[8] la muerte. Pero que muera el niño es sólo necesario. ¿Quién va a hablarle del color del pelo de su madre, de su sonrisa, de la gracilidad[9] con la que sorteaba[10] el aire a cada paso para evitar rozarlo[11]? ¿Quién le va a pedir perdón por haberle concebido? Y si   20
sobrevivo, ¿qué le voy a contar de mí? Que Caviedes[12] es un pueblo colgado de una montaña que olía a mar y a leña, que tuve un mae-

---

1   desbordar las órbitas: (aus den Augenhöhlen) hervortreten
2   hundido/-a: eingesunken
3   aterido/-a: steif, starr
4   Sotre(s): aldea de montaña en el Principado de Asturias
5   el/la leñador/a: Holzfäller
6   el arrojo: coraje, valor
7   la trinchera: Schützengraben
8   anidar: nisten, *fig.* zuhause sein, wohnen
9   la gracilidad: Zerbrechlichkeit
10 sortear: ausweichen
11 rozar: tocar
12 Caviedes: pueblo pequeño en la comunidad de Cantabria, cerca de la costa

stro que me recitaba de memoria a Góngora y a Machado[1], que tuve unos padres que no fueron capaces de retenerme junto a su establo, que no sé qué buscaba yo en Madrid en plena guerra..., ¿un rapsoda[2] entre las balas? ¡Eso es, hijo mío! ¡Yo quería ser un rapsoda
5 entre las balas! ¡Y ahora tu sepulturero[3]!

(*Un trazo firme, profundo, subraya esta última frase, desgarrando[4] incluso el papel cuadriculado del cuaderno de hule negro.*)

→ **Tareas B**

PÁGINA 18

10 Soy incapaz de seguir alimentando a la vaca y la vaca es incapaz de seguir alimentando al niño. Escarbo[5] bajo la nieve buscando briznas de hierba[6], cada vez más escuálidas[7], cada vez más escasas. He encontrado un tubérculo[8] en las raíces de los avellanos[9] yertos[10] y con ellos logro hacer una pasta que no sabe a nada pero que,
15 hervida y aplastada[11], doy a la vaca y al niño. No sé si sirve como alimento, pero le estoy dando mi saliva[12] y sobrevive. Aunque está muy débil ya trata de moverse, pero le faltan fuerzas. Se arquea[13], apoyándose sólo en la cabeza y en los pies. Pero inmediatamente se derrumba[14]. Si pudiera descendería al valle para pedir comida, pero
20 es imposible salir de estas montañas. Yo nací en un pueblo donde jamás nevaba y nadie me enseñó a desentrañar[15] la nieve silenciosa.

1 Góngora, Machado: Luis de Góngora (1561–1627), Antonio Machado (1875–1939), poetas españoles
2 el rapsoda: *lit.* el poeta
3 el/la sepulturero/-a: Totengräber/in
4 desgarrar: aufreißen, einreißen
5 escarbar: herumstochern
6 la brizna de hierba: Grashalm
7 escuálido/-a: *hier* verkümmert
8 el tubérculo: Knolle
9 el avellano: Haselnussstrauch
10 yerto/-a: *aquí* helado/-a, congelado/-a
11 aplastar: *hier* zerdrücken, zerstampfen
12 dar saliva: *hier* Speichel beimischen
13 arquearse: sich biegen, sich wölben
14 derrumbarse: caerse
15 desentrañar: *aquí* manejar

Cuando me alejo de la braña más de lo habitual me hundo[1] hasta la cintura[2] y tardo una eternidad en salir de la trampa blanca. Lo que han dejado los lobos de la vaca que murió está tan duro que ni siquiera con el hacha logro rebanar[3] nada. Está cubierta de nieve, afortunadamente, porque ayer traté de desenterrarla para buscar   5 algo de magro[4] en sus despojos y

PÁGINA 19

descubrí un animal, mitad carne desgarrada, mitad esqueleto, que estiraba el cuello[5] como si tratara de escapar inútilmente. Sus costillas[6], las pocas que aún le quedan, forman un recinto[7]   10 que parece reservado para el alma. Pero el alma también se la han comido los lobos. Y yo. Y el niño.

(*Aquí hay un dibujo que quiere representar la cabeza estilizada de una vaca, alargada[8] como una flecha[9], surcando el aire. Debajo una leyenda*: «¿Dónde estará el cielo de las vacas?»)   15

Mataría la otra vaca, ahora que todavía le queda alguna carne. Pero no podría conservarla. Si la dejo en los neveros, los lobos, que merodean continuamente, terminarían olfateándola. Dentro de la braña logro mantener una temperatura que pudriría[10] rápidamente lo que queda de su cuerpo. ¿Pensará la vaca que yo le estoy salvando   20 de los lobos o sabrá que los lobos la están salvando de mi hacha? Quizá sabe la verdad y por eso no da leche.

(*Aquí hay una serie de hojas, nueve, arrancadas al mismo tiempo, porque el perfil rasgado[11] es exactamente igual en todas. Es un corte*

---

1   hundirse: versinken
2   la cintura: Taille
3   rebanar: cortar
4   el magro: la carne
5   estirar el cuello: den Hals recken
6   la costilla: Rippe
7   el recinto: el lugar
8   alargar: hacer más largo/-a
9   la felcha: Pfeil
10   pudrir: verfaulen lassen, zum Verwesen bringen
11   el perfil rasgado: Risskante

*cuidadoso, no hay desgarros[1]. En la numeración de las páginas que
viene a continuación no se han tenido en cuenta las hojas que faltan
del cuaderno.*)

PÁGINA 20

5   El niño está enfermo. Casi no se mueve. He matado la vaca y le
estoy dando su sangre. Pero apenas logra tragar algo. He hervido
trozos de carne y huesos hasta hacer un caldo[2] espeso y oscuro. Se
lo estoy dando disuelto[3] en agua de nieve. Todo huele, otra vez, a
muerte.

10   Está muy caliente. Ahora escribo con él en mi regazo y duerme.
¡Cuánto le quiero! Le he cantado una canción triste de Federico[4]

Llanto de una calavera[5]

que espera un beso de oro.

(Fuera viento sombrío[6]

15   y estrellas turbias[7]).

Ya no recuerdo los poemas que recitaba a los soldados. Con el
hambre lo primero que se muere es la memoria. No logro escribir un
solo verso y, sin embargo, en mi cabeza resuenan[8] mil nanas[9] para
mi hijo. Todas tienen la misma letra: ¡Elena!

20   Hoy le he besado. Por primera vez le he besado. Se me habían
olvidado mis labios de no usarlos. ¿Qué habrá sentido él ante el
primer contacto con el frío? Es terrible, pero debe de tener ya tres
o cuatro meses y nadie le había besado hasta hoy. Él y yo sabemos
qué largo es el tiempo sin un beso y ahora, probablemente, no nos

25   quede suficiente para resarcirnos[10]. El miedo, el frío, el hambre, la

1   el desgarro: *hier* Einriss
2   el caldo: Brühe, Eintopf
3   disuelto/-a (part. de *disolver*): verdünnt
4   Frederico: Frederico García Lorca (1898–1936), poeta y dramaturgo español
5   la calavera: Totenschädel
6   sombrío/-a: oscuro/-a
7   turbio/-a: trübe
8   resonar (o>ue): ertönen, erklingen
9   la nana: Wiegenlied
10   resarcirse: *hier etwa* es nachholen

rabia y la soledad desalojan[1] la ternura[2]. Sólo regresa como un cuervo[3] cuando olisquea el amor y la muerte. Y ahora ha regresado confundida. Olfatea ambas cosas. ¿Hay ternuras blancas y ternuras negras? Elena, ¿de qué color era tu ternura? Ya no lo recuerdo, ni siquiera sé si lo que siento es pena. Pero le he besado sin tratar de ⁵ suplantarte[4].

PÁGINA 21

Huele a podrido[5]. Sin embargo yo sólo recuerdo el olor del hinojo[6].

(*En letras grandes, muy grandes, el resto de la página está cubierto* ¹⁰ *por un* AH, SIN TI NO HAY NADA *trazado con rasgos imprecisos.*)

PÁGINA 22

No encontraba mi lápiz (lo poco que queda de él) y he estado muchos días sin poder escribir nada. También eso es silencio, también eso es mordaza[7]. Pero hoy, cuando lo he encontrado bajo un ¹⁵ montón de leña, he tenido la sensación de que recobraba el don de la palabra[8]. No sé lo que siento hasta que lo formulo, debe de ser mi educación campesina. Hoy he estado encaramado[9] mucho tiempo en un tronco[10] deshojado tratando de buscar huellas de algún animal que pueda servirnos de alimento. He visto un paisaje blanco ²⁰ y sin aristas[11], extenso, interminable, acunado[12] por un viento perti-

---

1 desalojar: verdrängen
2 la ternura: el cariño, el amor
3 el cuervo: Rabe
4 suplantar a alg.: sustituir a alg.
5 huele a podrido: es riecht faulig
6 el hinojo: Fenchel
7 mordaza: *hier* Stummheit, Schweigen (*la mordaza*: Knebel)
8 recobrar el don de la palabra: *hier* die Sprache wiederfinden
9 estar encaramado/-a: *hier* auf einem Baum sitzen
10 el tronco: Baumstamm, Baumstumpf
11 sin aristas: ohne Konturen
12 acunado/-a: *hier* (vom Wind) umspielt

naz[1] y frío cuyo zumbido[2] sólo sirve para reafirmar[3] el silencio. Y mientras estaba allí, observando, sentía algo que no lograba identificar, algo que ni siquiera sabía si era bueno o malo. Ahora que ya he encontrado mi lápiz, sé lo que era: soledad.

5 Tengo la sensación de que todo terminará cuando se me termine el cuaderno. Por eso escribo sólo de tarde en tarde. Mi lápiz también debió de perder la guerra y probablemente la última palabra que escribirá será «melancolía».

PÁGINA 23

10 El niño ha muerto y le llamaré Rafael, como mi padre. No he tenido calor suficiente para mantenerle vivo. Aprendió de su madre a morir sin aspavientos[4] y esta mañana no ha querido escuchar mis palabras de aliento.

(El resto de la página, con una caligrafía mucho más cuidada que
15 *lo escrito hasta el momento, casi primorosa[5], repite «Rafael», «Rafael»,* *«Rafael» hasta sesenta y tres veces. La R de Rafael es siempre una flo-* *ritura[6] vertical a la que envuelve[7] un trazo panzudo[8] que comienza en* *la izquierda, asciende por encima y se hincha[9] en la derecha descri-* *biendo una curva que se junta al trazo vertical más o menos a media*
20 *altura para volver a separarse de él como una falda almidonada[10] y* *desvanecerse[11] hacia abajo en un rasgo que se pierde. Es una R inglesa* *y gótica al mismo tiempo.)*

---

1   pertinaz: constante, continuo/-a
2   el zumbido: *hier* Rauschen (des Windes)
3   reafirmar: apoyar
4   sin aspavientos: sin ruido, sin llamar la atención
5   primoroso/-a: excelente, muy bien hecho/-a
6   la floritura: Schnörkel, verzierter Strich
7   envolver (o>ue): *hier* umrahmen, umschlängeln
8   panzudo/-a: dickbauchig
9   hincharse: anschwellen, *hier* dicker werden
10 la falda almidonada: *etwa* Reifrock
11 desvanecerse (c>zc): desaparecer

PÁGINA 24

(*Vuelve a repetir* «Rafael», «Rafael» *hasta sesenta y dos veces.*)

PÁGINA 25

(*Repite* «Rafael», *con el mismo tipo de letra, pero mucho más pequeño ciento diecinueve veces.*)   5

PÁGINA 26

(*Ya no está escrita con el mismo lápiz, pues es muy probable que se terminara, sino con un tizón apagado[1] o algo parecido. Cuesta leerlo porque, después de escribirlo, el autor pasó la mano por encima como si hubiera intentado borrarlo. Creemos, pues, que hemos leído*   10
correctamente lo escrito, que transcribimos hechas estas salvedades[2].
«Infame turba de nocturnas aves.»

→ **Tareas C**

(*NOTA DEL EDITOR: El año 1954 fui a una aldea de la provincia de Santander llamada Caviedes. Efectivamente está colgada de la*   15
montaña y huele al mar próximo, aunque desde él no puede divisarse[3] porque se asoma hacia el interior de un valle. Pregunté aquí y allá y supe que el maestro, al que llamaban don Servando, fue ajusticiado[4] por republicano[5] en 1937 y que su mejor alumno, que tenía una afición desmedida por la poesía, había huido con dieciséis años, en 1937, a   20
zona republicana para unirse al ejército que perdió la guerra. Ni sus padres, que se llamaban Rafael y Felisa y murieron al terminar la contienda[6], ni nadie del pueblo volvieron a saber de él. Tenía fama de loco porque escribía y recitaba poesías. Se llamaba Eulalio Ceballos Suárez. Si fue él el autor de este cuaderno, lo escribió cuando tenía dieciocho   25
años y creo que ésa no es edad para tanto sufrimiento.)

→ **Tareas D**

---

1 el tizón apagado: verkohltes Holzscheit; Stück Holzkohle
2 hechas estas salvedades: *hier* ohne Gewähr, unter Vorbehalt
3 no poder divisarse: nicht zu sehen sein
4 ajusticiar a alg.: executar a alg.
5 por republicano: *hier* porque era republicano
6 la contienda: la guerra

Tareas A

1. Describe los niveles de narración y explica de qué fuente(s) proviene la información.
2. Presenta al diarista y describe su situación.
3. Explica el efecto que crea en ti la manera presentar los acontecimientos.
4. ¿Cómo continuará el diario? ¿Qué hará el diarista?

Tareas B

1. Resume brevemente las PÁGINAS 6–17 del manuscrito. ¿Qué pasa? ¿Qué más llegas a saber del diarista?
2. Analiza cómo queda presentado el conflicto interior del diarista (PÁGINAS 13, 16, 17).

Tareas C

1. Apunta los sentimientos y reacciones que te produce la lectura de las PÁGINAS 18–26. A continuación, comparte y explica tus experiencias de lectura.
2. Analiza cómo se desarrollan los sentimientos del padre joven por su hijo, teniendo en cuenta sus propias palabras y las notas del editor.
3. «No sé lo que siento hasta que lo formulo» (p. 66, l. 17). Examina la función de la escritura para el diarista (páginas 9, 10, 22).
4. «Pero que muera el niño es sólo necesario» (p. 62, l. 17). Discutid esta afirmación del diarista, teniendo en cuenta el dilema de su situación y su resposabilidad moral de padre.

Tareas D

1. Examina el efecto de la última nota del editor.
2. El editor ficticio concluye con un comentario personal: «Tenía dieciocho años y creo que ésa no es edad para tanto sufrimiento» (p. 68, ll. 25–26). Comenta tú también el destino del joven diarista.

Alberto Méndez
Cuarta derrota o Los girasoles[1] ciegos

Reverendo[2] padre, estoy desorientado como los girasoles ciegos. A pesar de que hoy he visto morir a un comunista, en todo lo demás, padre, he sido derrotado[3] y por ello me siento sicut nubes..., quasi fluc-tus..., velut umbra[4], *como una sombra fugitiva.*

Lea mi carta como una confesión, al cabo de la cual, Dios lo qui- ₅ *era, absuélvame[5], pero si, como me temo, mi pecado[6] no tiene perdón, rece[7] por mí, porque de mi contrición[8] yo mismo tengo dudas —tal es el Demonio de mi cuerpo—, aunque de mi atrición[9] esta carta pretende dar cumplida cuenta[10].*

Todo comenzó cuando, siguiendo su consejo, Padre, me alisté[11] en ₁₀ *el Glorioso Ejército Nacional. Combatí tres años en el frente participando en la Cruzada[12], conviviendo con seres gloriosos y horrendos[13], con soldados llenos de ideales y mezquinos[14] instintos, pero propen-*

1 el girasol: Sonnenblume
2 reverendo/-a: ehrwürdig
3 derrotar a alg.: vencer a alg.
4 sicut nubes, quasi fluctus, velut umbra: *lat.* wie eine Wolke, wie die Wellen, wie ein Schatten
5 absolver (o>ue) a alg.: jdn von seinen Sünden lossprechen, jdm die Absolution erteilen
6 el pecado: Sünde, Verfehlung
7 rezar por alg.: für jdn beten
8 la contrición: Reue, Bereitschaft zur Buße
9 la atrición: Zerknirschung, *hier* schlechtes Gewissen
10 dar cumplida cuenta: *hier* im Detail Auskunft geben
11 alistarse: *hier* sich freiwillig melden
12 la Cruzada: Kreuzzug; die katholische Kirche deklarierte den Aufstand der rechtsgerichteten Putschisten unter General Francisco Franco als «Kreuzzug» und «heiligen Krieg»
13 horrendo/-a: terrible, horroroso/-a
14 mezquino/-a: schäbig, gemein, hier nieder

*sos[1] a Dios cuando tienen que elegir entre la perdición[2] y la Gloria[3].
A ellos me uní, me fundí con ellos[4]. Cierto es que no fui ejemplo de
santidad porque, ante tanto horror, los instintos son, a la postre[5],
un ancla de la vida y es deber del soldado saber que los muertos no*
5 *ganan las batallas. Contribuí con mi sangre a transformar el monte
Quemado[6] en un monte Exterminio[7].*

Bienaventurados los justos[8], quoniam et ipsi saturabuntur[9],
*porque serán hartos[10]. Ahora me pregunto, Padre, ¿seremos hartos
aunque tengamos que clamar el perdón[11] entre los muertos, entre los*
10 *fracasados, entre los pecios[12] de la guerra?*

*Tres largos años olvidando la vida, la propia y las ajenas, terminan
convirtiendo al cruzado[13] en un soldado y a las huestes de Dios[14] en
soldadesca[15]. La vida del superviviente necesita algo más que la vida
misma: la celebración del triunfo sobre el Mal es otro elemento más*
15 *de la Victoria. La furia de Dios puede enloquecernos[16]. Padre, conocí
la carne.*

---

1 ser propenso a alg.: jdm zugeneigt sein
2 la perdición: *hier* die ewige Verdammnis
3 la Gloria: *hier* das Himmelreich
4 fundirse con alg.: *aquí* sich jdm anschließen
5 a la postre: letztendlich
6 el monte Quemado: verbrannter Berg, Berg aus Asche; mit dieser Metapher
        kündigt der Prophet Jeremias im Alten Testament einen Vernichtungskrieg
        gegen die Stadt Babylon an (Jer 51, 25)
7 el exterminio: völlige Auslöschung, totale Vernichtung
8 bienaventurados los justos: selig sind die Gerechten; im Neuen Testament
        eigentlich «bienaventurados los que tienen hambre y sed de justicia»
        (Mt 5,6): Selig sind, die hungern und dürsten nach der Gerechtigkeit
9 quoniam et ipsi saturabuntur: *lat.* denn sie sollen satt werden (Mt 5,6)
10 harto/-a: satt
11 clamar el perdón: pedir perdón
12 el pecio: *hier* Überlebender, (menschliches) Wrack
13 el cruzado: Kreuzfahrer, Kreuzritter
14 las huestes de Dios: Heerscharen Gottes
15 la soldadesca: grupo de soldados
16 enloquecer (c>zc) a alg.: volver loco/-a a alg.

La carne es como los tigres que habitan en el hombre, el Anfión[1] que sabe con arte remover todas las piedras, mover todos, todos, los cimientos[2] del alma. La carne, Padre, usted lo sabrá por el confesionario, es algo prodigioso[3]. Puede inocularnos[4] el orgullo de pecar e incluso la aviesa[5] satisfacción de hacer gozar a un cuerpo que quiere morir y, a pesar de su humillación[6], exhala[7] un grito de vida capaz de derretir[8] el yunque[9] sobre el que el soldado pretende forjar[10] su acero[11].

Probablemente los hechos ocurrieron como otros los cuentan, pero yo los reconozco sólo como un paisaje donde viven mis recuerdos. Sigo preguntándome cómo eran los árboles cuando los plantaron o cómo era mi madre siendo joven o qué aspecto tenía yo cuando era niño.

Todo lo que ha sobrevivido ha alterado poco a poco su recuerdo[12] porque su presencia real es incompatible con la memoria, pero lo que hemos perdido en el camino sigue congelado[13] en el instante de su desaparición ocupando su lugar en el pasado.

Por eso sé cómo era lo que ha desaparecido, lo que abandoné o me abandonó en un momento de mi vida y nunca

---

1 Anfión: Amphion, Figur der griechischen Mythologie, der der Sage nach die Lyra so wunderbar und geschickt zu spielen wusste, dass sich Steine zu Bauwerken zusammenfügten
2 el cimiento: el fundamento
3 prodigioso/-a: maravilloso/-a, extraordinario/-a
4 inocular a/c a alg.: jdm etw. einimpfen
5 avieso/-a: malo/-a, falso/-a
6 la humillación: *hier* Schwäche, Leiden
7 exhalar: ausstoßen
8 derretir (e>i): *hier* schmelzen lassen, zum Schmelzen bringen
9 el yunque: Amboss
10 forjar: schmieden
11 el acero: Stahl
12 el recuerdo: *hier* Erscheinungsbild
13 congelado/-a: (wie) eingefroren

regresó a donde lo real se altera poco a poco, a donde su
actualidad no deja lugar[1] a su pasado.

Quizá por eso recuerdo a mi padre joven, alto, escuálido[2]
y vigoroso[3] abrazado a mi madre anciana cansada y dulce.
5 Recuerdo al Hermano[4] Salvador con su sotana[5] castrense
acosando[6] a mi madre anciana, cansada y dulce y a unos
policías procaces[7] insultando a mi madre anciana, cansada
y dulce. Pero sobre todo recuerdo a un niño lleno de complicidades[8] con su madre anciana, cansada y dulce, a la que
10 no logro recordar como me dijeron que fue: joven, vigorosa
y dulce.

*¡Ah! Ellos pretendieron alterar el orden de las cosas, modificar los
designios del Señor[9], ignorando que* non est potestas nisi a Deo[10] *y
tuvimos que enseñar un nuevo orden a los inicuos[11]. Tuvimos que glo-*
15 *rificar nuestra Victoria.*

*Cuando regresé, Padre, macerado[12] de desdichas[13] y pecados, bus-
cando el perdón al seminario[14], quizás hubiera sido mejor vuestro perdón que la dilatada prueba a la que vosotros, mis maestros, decidisteis
someterme[15]. Mi formación era superior a la de casi todos mis cama-*

---

1 no dejar lugar a a/c: keinen Platz für etw. lassen
2 escuálido/-a: schlaksig
3 vigoroso/-a: fuerte, vital
4 el Hermano: *hier* Anrede eines Geistlichen («Bruder Salvador»)
5 la sotana (castrense): (Militär-)Soutane; knöchellanges schwarzes Oberge-
      wand katholischer Geistlicher (im Felde)
6 acosar a alg.: jdn bedrängen, jdn belästigen
7 procaz: grob
8 lleno/-a de complicidades con alg.: *hier* in tiefer Verbundenheit mit jdm
9 los designios del Señor: die Absichten des Herrn
10 non est potestas nisi a Deo: *lat.* es gibt keine Herrschaft, die nicht von Gott
      käme (Röm 13,1)
11 el/la inicuo/-a: *hier* Gottlose/r
12 macerar a alg.: *fig.* jdn zerfressen, jdn martern
13 la desdicha: Elend, Unglück
14 el seminario: *hier* Priesterseminar; Ausbildungsstätte für angehende katholi-
      sche Geistliche
15 someter a alg. a una prueba: jdn einer Prüfung unterziehen

radas, pero acepté de buen grado[1] *incorporarme como profesor de Párvulos y Preparatoria[2] en el Colegio de la Sagrada Familia. Acepté el diaconato[3] en la orden[4] del Santo Padre Gabriel Taborit dedicada enteramente a la enseñanza. Me incorporé a una orden menor donde olvidar mis desvaríos y recuperar la Luz.*   5

¡La Luz! Padre, con cuánto desconsuelo hablo hoy de la Luz. A mis párvulos[5] les hablaba de la Luz, porque necesitaba despertar su inquietud bobalicona[6]: «Numera stellas, si potes»[7]*, les decía para que se sintieran minúsculos[8], ínfimos[9], vasallos[10]. Pero la Luz tarda mucho en atravesar la obscuridad y el dolor. ¡Con qué profundo arte Dios ha*   10 *creado el dolor! En realidad, ahora me doy cuenta, de lo que quisiera hablar es del Dolor porque he aprendido que la Luz y el Dolor forman parte de la misma incandescencia[11].*

Todo empezó con un alumno extraño entre los párvulos. Sólo Dios sabe por qué entre más de doscientos treinta alumnos tuve que fijarme   15 *en él. Todos estaban tan desnutridos[12] que su delgadez no significaba nada. Todos eran tan obedientes, tan sumisos[13], que su poquedad se difuminaba[14] en esa caterva[15] de niños asustados que veían en el hábito[16] el símbolo de la autoridad recuperada, el otro uniforme de los ejércitos de Dios. Jugaba en el recreo, sí, como sus compañeros, callaba*   20

---

1 de buen grado: de buena voluntad, de buena gana
2 el profesor de Párvulos y Preparatoria: *etwa* Erzieher an einer Schule für Kinder im Vor- und Grundschulalter
3 el diaconato: Diakonat (geistliches Amt in der katholischen Kirche)
4 la orden: Orden (Gemeinschaft von Geistlichen)
5 el/la párvulo/-a: Vorschüler/in
6 bobalicón/-ona: einfältig, naiv
7 numera stellas, si potes: *lat.* Zähle die Sterne, falls du kannst (Gen 15,5)
8 minúsculo/-a: muy pequeño/-a
9 ínfimo/-a: inferior
10 vasallo/-a: *aquí* dependiente
11 la incandescencia: *hier* Leidenschaft
12 desnutrido/-a: mal alimentado/-a, muy flaco/-a
13 sumiso/-a: unterwürfig, gefügig
14 difuminarse: *hier* untergehen, verschwinden
15 la caterva: *etwa* Rasselbande, Pulk
16 el hábito: Ordenskutte

en las filas como sus compañeros, atendía en clase como los demás...,
pero había algo en él que, poco a poco, comenzó a llamar mi atención.
Lo primero que me sorprendió es que, a pesar de sus siete años, dom-
inaba ya las cuatro reglas[1] mientras sus compañeros balbucían ante
5 *El Catón[2] tratando de trabar las letras entre sí para formar palabras*
que no lograban comprender. Lorenzo, que así se llamaba el niño, leía
de corrido[3], por supuesto.

—Vamos, Lorenzo, que son las ocho.

Lorenzo buscó en el fondo de las sábanas las trizas[4] del sueño
10 interrumpido.

—Vamos a llegar tarde al colegio... Te preparo el desayuno.

El invierno estaba pegado a los balcones acechando[5] la tibieza[6] y
el olor a achicoria[7] del interior de la casa. Lorenzo podía protegerse
de todo menos del hambre y se levantó dócil[8] y lentamente. Se puso
15 el abrigo sobre el pijama y recorrió el pasillo hasta la cocina situada
en el otro extremo de la casa. Su padre, ya vestido y sin afeitar, estaba
trajinando en el fogón[9] para que al menos un hornillo[10] mantuviera
el calor suficiente para templar[11] la leche.

—Buenos días, hijo.

20 Un sonido gutural[12] y un gesto mohíno[13] fueron la única
respuesta de Lorenzo, que se dejó caer con desgana sobre la única
silla de la cocina.

---

1 las cuatro reglas: das kleine Einmaleins
2 balbucir ante El Catón: *etwa* (aus dem Lesebuch) stammelnd vorlesen,
   brabbeln
3 leer de corrido: flüssig, fließend lesen
4 las trizas: los restos
5 acechar: *hier* verdrängen, verscheuchen
6 la tibieza: el calor
7 la achicoria: Wegwarte (in Europa heimische Wildblume)
8 dócil: fügsam, folgsam
9 trajinar en el fogón: im Herd herumhantieren
10 el hornillo: *hier* Platte
11 templar: calentar
12 el sonido gututal: *hier* Brummen
13 mohíno/-a: de mal humor

Además del fogón de hierro, había una mesa de mármol[1] sobre una estructura de hierro colado[2] pintada de purpurina[3] y un fregadero de piedra artificial que imitaba el granito. Una placa de zinc sobre la carbonera[4] servía de repisa[5] para un sinfín de[6] cacerolas y sartenes perfectamente limpias, perfectamente ordenadas. 5

La ventana con fresquera[7] daba a un patio estrecho por el que se intuía la luz del día. Unos visillos[8] y la bombilla apagada protegían la intimidad de la cocina. En el patio, voces desabridas[9] y un incesante batir de huevos[10] daban fe de[11] que el día había comenzado.

—Tómate la leche. 10

El pan de centeno[12] no flotaba. Se hundía en el fondo del tazón sin asas[13], pero el hambre estaba tan domesticada que aguardaba sabiamente a que aquellos mendrugos[14] se embebieran[15] en leche y se hicieran comestibles.

—No quiero ir al colegio, papá. 15

—¿A qué viene eso?

—Es que el hermano Salvador me tiene manía[16]...

La conversación quedó en el aire porque la madre, ya vestida, entró en la cocina con la ropa del niño y, con una maternidad apresurada y eficaz, lavó su cara con una toalla mojada en el agua tem- 20

---

1 el mármol: Marmor
2 de hierro colado: gußeisern
3 de purpurina: *hier* bronzefarben
4 la carbonera: Kohlenkiste
5 la repisa: *hier* Abstellfläche, Ablagefläche
6 un sinfín de: muchos/-as
7 la fresquera: *hier* Lüftungsöffnung
8 el visillo: Fenstergardine
9 desabrido/-a: *aquí* bajo/-a
10 el batir de huevos: Eierschlagen
11 dar fe de a/c: von etw. zeugen
12 el pan de centeno: Roggenbrot
13 el tazón sin asas: Trinkschale, Becher
14 el mendrugo: Brotstückchen
15 embeberse: sich vollsaugen
16 tener manía a alg.: es auf jdn abgesehen haben

plada de un puchero[1] que se mantenía también sobre la placa del fogón. Le puso los calcetines, le quitó el abrigo y la chaqueta del pijama para ponerle una camisa de franela[2] gris. Todo esto tenía lugar sin que Lorenzo dejara de desayunarse con la leche y el pan
5 de centeno. Ella le embutió[3] en un jersey cerrado de lana gruesa que encontró no pocas dificultades al pasar por la cabeza y, casi sin levantar a su hijo de la silla donde estaba derrumbado[4], le quitó el resto del pijama para sustituirlo por unos pantalones cortos con peto[5] que deslizó[6], con la habilidad de un prestidigitador[7], bajo el
10 jersey hasta que pudo abotonarle los tirantes[8]. El final del desayuno coincidió con un peine que a duras penas logró domeñar[9] un remolino en la coronilla[10] que daba al niño cierto aspecto de personita en fuga. Un abrigo de paño[11] azul rozado por los codos[12] y una bufanda verde que cubría el rostro de Lorenzo hasta los ojos eran la señal de
15 que el tiempo disponible había concluido.

—Hale[13], que vamos a llegar tarde al colegio. Dale un beso a papá.

Toda la docilidad[14] con la que había soportado ser lavado, vestido, peinado y abrigado al mismo tiempo que se tomaba el pan de centeno con la leche se convirtió en una mueca mimosa[15] brindada
20 a su padre.

—No quiero ir al colegio, papá.

—Habla más bajo, que pueden oírte.

---

1 el puchero: Topf
2 la camisa de franela: Flanellhemd
3 embutir a alg. en a/c: jdn in etw. stecken
4 derrumbado/-a: *hier* in sich zusammengesunken
5 los pantalones con peto: Latzhose
6 deslizar: *hier* durchziehen, hochziehen
7 el/la prestidigitador/a: Taschenspieler/in
8 el tirante: Hosenträger
9 domeñar: bändigen
10 el remolino en la coronilla: Scheitelwirbel
11 el paño: Kleiderstoff
12 rozado/-a por los codos: *hier* mit abgewetzten Ellbogen
13 hale: vamos ya
14 la docilidad: Fügsamkeit
15 la mueca mimosa: *etwa* flehender Gesichtsausdruck

—Dice que el hermano Salvador le tiene manía.

—Claro que sí. Me está siempre haciendo preguntas y preguntas... hasta en el recreo.

Sus padres se miraron con una complicidad disimulada. Pese a las prisas, trataron de quitar importancia a su curiosidad[1].

—¿Y qué te pregunta?

—Pues qué hace mamá, que por qué no vienes nunca tú a buscarme al colegio... y que si me gustan los libros..., de todo.

—¿Y tú qué le respondes cuando te pregunta por mí?

—Que estás muerto.

Yo, reverendo padre, tengo un recuerdo dulce de mi infancia. La devoción[2] de mis padres y la virtud de mis maestros me inculcaron[3] desde muy niño el amor por Jesús. Amé al niño Jesús cuando fui niño, me preparé para ser soldado de Cristo cuando fui adolescente e ingresé en el seminario cuando llegó la hora de entregar mi vida a la Santa Madre Iglesia. Ahora recuerdo todo aquello como si mi cuerpo no existiera, como si la única substancia de mi vida hubiera sido la vocación de sacrificio[4]. Después, una dulce marea de entregas[5] y sufrimientos me mantuvo al margen de la vida y fue conformando un alma satisfecha por la conquista heroica de las virtudes teologales[6], la convicción profunda de la Fe y el silencio íntimo de la meditación.

Quizás por eso, Padre, cuando fui arrojado[7] a la vida, siempre preñada de corrupción y desorden[8], me sorprendió indefenso[9] porque hasta que lo vi, Padre, yo no había tenido conocimiento del Mal. Y creo que el Mal lo sabía.

---

1 quitar importancia a la curiosidad: *hier* die Neugierde verbergen
2 la devoción: Gottergebenheit, Frömmigkeit
3 inculcar a/c en alg.: *hier* etw. in jemandem wecken
4 la vocación de sacrificio: *hier* Opferbereitschaft; Bereitschaft zum Verzicht
5 la entrega: Hingabe
6 teologal: teológico/-a
7 cuando fui arrojado a la vida: *etwa* als ich ins Leben gestoßen wurde
8 preñada de: *aquí* llena de
9 me sorprendió indefenso: ich fand mich wehrlos, ich war hilflos

Es cierto que acepté de buen grado unirme a la Cruzada, y, si me hubiera llegado la hora[1] durante la contienda[2], usted y los míos sólo hubieran podido decir de mí lo mismo que el Padre pudo decir del Hijo: Oblatus est quia ipse voluit[3]. *Es verdad que fui yo quien quiso*
5 *el sacrificio, pero también es cierto que nunca intuí lo horrible que[4] era el mundo. Fanfarrón[5], gregario[6], embustero[7], pecador y heroico. Poco a poco me fui desguareciendo[8], como si yo estuviera perdiendo la batalla.*

Ahora ya puedo hablar de todo aquello, aunque me cuesta
10 **recordar, no porque la memoria se haya diluido, sino por la náusea[9] que me produce mi niñez. Recuerdo aquellos años como una inmensidad vivida en un espejo, como algo que tuve la desdicha de sufrir y observar al mismo tiempo. A este lado del espejo estaba el disimulo[10], lo fingido. Al otro,**
15 **lo que realmente ocurría. Hoy, lo que recuerdo del niño que fui sigue asustándome porque con los años se impone la convicción de que, si yo no hubiera sido un niño, nada de lo que ocurrió habría sucedido.**
Había un mundo que se llamaba Alcalá[11] 177 y el piso
20 **tercero, letra C, era mi tierra. Este planeta estaba en un universo, inmenso y al acecho[12], que era una manzana triangular limitada por las calles de Alcalá, Montesa y Ayala. ¡Una**

---

1 si me hubiera llegado la hora: *fig.* si hubiera muerto
2 la contienda: la guerra, la lucha
3 oblatus est quia ipse voluit: *lat.* als er misshandelt wurde, ertrug er es klaglos (Jes 53,7)
4 nunca intuí lo horrible que…: *etwa* ich wusste nicht, wie schrecklich…
5 fanfarrón/-ona: angeberisch
6 gregario/-a: gewöhnlich
7 embustero/-a: betrügerisch, verlogen
8 me fui desguareciendo: *etwa* ich wurde immer schwächer
9 la náusea: *hier* Unwohlsein, Unbehaglichkeit
10 el disimulo: *hier* Geheimnistuerei, Verstellung
11 Alcalá: calle de Alcalá, una de las principales arterias de Madrid
12 al acecho: *hier* lauernd

manzana que ni siquiera tenía cuatro lados, como todas las demás, y, aun así, ¡era mi cosmos! Más allá, había otras galaxias: la calle Torrijos y Goya por un lado y, por el otro, el sombrío mundo de la Fuente del Berro y la Plaza de Manuel Becerra donde habitaban niños más pobres que nosotros 5 a los que nos vinculaba un odio recíproco e injustificado, explicable sólo porque, a la sazón[1], era todo banderizo[2]: las aceras, la pelota, la peonza[3], la goma de borrar y los amigos. Además, recuerdo que había un pasadizo[4] aséptico y urgente que desembocaba[5] en el colegio de la Sagrada Familia, un 10 palacete[6] que hacía esquina a las calles de Narváez y O'Donell. Un cuarto de hora de camino que recorrí, acompañado o solo, miles de veces y, sin embargo, tan ajeno a mí[7] que no consigo reconstruir del todo su paisaje. La verdad es que únicamente cuando regresaba a mi manzana volvía a estar en 15 mi universo.

Pero, de todos los recuerdos, el que por encima prevalece[8] es que yo tenía un padre escondido en un armario.

Hoy pienso, Padre, que me llamó la atención algo que le distinguía de los demás: era un niño triste, pero con una serenidad[9] extraña 20 *para su edad. En sus juegos sin discordia[10], en su obediencia sin sumisión, en su interés por aprender y su orgullo por saber, en su silencio... Quizá su infancia me recordó la mía y quise revivir en aquel párvulo el niño que yo fui. Pensé que sería un buen pastor en nuestra Iglesia. ¡Ay*

---

1 a la sazón: en aquella época
2 banderizo/-a: *hier* zu einer Seite gehörend
3 la peonza: Kreisel (Spielzeug)
4 el pasadizo: hier Geheimgang, geheimer Weg
5 desembocar enllevar a
6 el palacete: Stadtpalais; Stadtvilla
7 ser ajeno/-a a alg.: jdm fremd sein
8 prevalecer (c>zc): überwiegen, *hier* herausstechen
9 la serenidad: Gelassenheit
10 la discordia: la disputa, la discusión, la pelea

de mí[1]! Noté algunas otras diferencias: recuerdo que, cuando todos los alumnos en fila, antes de salir del colegio, formaban marcialmente[2] y entonaban el Cara al sol[3] al atardecer como despedida de una jornada de jubiloso aprendizaje, Lorenzo no compartía el espíritu de Fle-
5 *cha[4] que sus compañeros demostraban. Mantenía, sí, la compostura, pero un día me acerqué a él sigilosamente[5] por detrás y advertí con sorpresa que mantenía el brazo en alto, movía los labios, pero no cantaba. ¡Le pedíamos amor a su Patria y nos devolvía su silencio!*

Le castigué a no abandonar aquel patio si no cantaba el himno
10 *completo, pero no cantó. Se mantuvo erguido[6] y con el brazo en alto aunque ni siquiera comenzó la primera estrofa. No sé si prevaleció en mí la ira por su rebeldía o la dicha[7] por la oportunidad de doblegar[8] con mi autoridad a un hijo impío[9] de un siglo sin fe. «¡Canta», le ordené, «es el himno de los que quieren dar la vida por su Patria!»*

15 *«Mi hijo no quiere morir por nadie, quiere vivir para mí», dijo una voz suave y melosa[10] a mis espaldas. Me volví[11] y era ella.*

Ahora comprendo la frase del Eclesiastés[12]: La mirada de una mujer hermosa, pero sin virtud, abrasa[13] como el fuego. Yo ignoraba entonces que así nacía mi desvarío[14].

20 Acostaron al niño y guardaron silencio en el comedor envuelto en la penumbra. El silencio formaba parte de la conversación

---

1   ¡Ay de mí!: Wehe mir!

2   formar marcialmente: *hier* sich in Reih und Glied aufstellen

3   el Cara al sol: «Gesicht zur Sonne», Hymne des faschistischen Franco-Regimes

4   el espíritu de Flecha: *hier* Linientreue, Begeisterung für das Regime

5   acercarse sigilosamente a alg.: sich an jdn heranschleichen

6   erguido/-a: aufrecht

7   la dicha: la alegría

8   doblegar a alg.: jdn bezwingen, Macht über jdn ausüben

9   impío/-a: gottlos

10   meloso/-a: dulce, agradable

11   volverse (o>ue): darse la vuelta

12   Eclesiastés: uno de los libros del Antiguo Testamento (Buch der Prediger)

13   abrasar: brennen

14   el desvarío: la locura, el delirio

porque ambos ocultaban sus lamentos. Aunque la ventana del comedor que daba también al patio de las cocinas[1] estaba cubierta por una espesa cortina de terciopelo[2] azul, vestigio[3] de otros tiempos en que, antes de vender todo lo vendible, hubo un aparador[4] con cabezas de guerreros medievales tallados en sus puertas[5], una alacena[6] con platos de porcelana inglesa y un extraño pez de cristal de Murano[7] con la boca abierta, el matrimonio permanecía en la habitación iluminada únicamente por la luz que llegaba del pasillo, para que nadie advirtiera que había dos adultos viviendo en esa casa.

Mientras la claridad del día prevaleciera sobre la luz del interior, Ricardo Mazo podía moverse con cierta soltura[8] por el piso, evitando siempre acercarse a las ventanas y a los balcones. Las habitaciones del fondo daban a la calle Ayala y enfrente había un cine, el Argel, que estaba siempre vacío por las mañanas. Era ése el momento que aprovechaba Ricardo para, con las precauciones necesarias, ver la calle, la gente que vivía transitando una ciudad llena de espacios, de conversaciones, de saludos, de prisas y de parsimonias[9] que él reconocía como suyas. Pero cuando oscurecía, Ricardo nunca entraba en una habitación iluminada, esperaba a que apagaran la luz del pasillo para ir al baño y caminaba con un sigilo[10] que, en ocasiones, conseguía asustar a su mujer y a su hijo. Todo estaba preparado para que él no ocupara lugar en el espacio iluminado.

—Tengo que escaparme de aquí, intentar pasar a Francia.

1   dar al patio de las cocinas: zum Innenhof gehen
2   la cortina de terciopelo: Samtvorhang
3   el vestigio: *hier* Überbleibsel
4   el aparador: Anrichte
5   con cabezas talladas en sus puertas: mit geschnitzten Gesichtern an den Türen
6   la alacena: *hier* Küchenschrank
7   el cristal de Murano: Muranoglas (kunstvoll geschliffenes und sehr teures Glas aus den Manufakturen der Insel Murano nahe Venedig)
8   con soltura: de forma relajada, sin mucho cuidado
9   la parsimonía: la calma, la tranquilidad
10 el sigilo: *hier* Heimlichkeit

Elena buscó las manos de su marido sobre la mesa. No hacía falta repetir que aún no era posible, que había que esperar que se fueran apagando[1] los rigores de la venganza[2], que el gobierno de Vichy[3] estaba deportando refugiados españoles a mansalva[4] y
5 que, de huir, lo harían todos juntos, ellos dos y el niño. Nunca más volvería a separarse lo que quedaba de familia. Su hija mayor, Elena, había escapado con un poeta adolescente al terminar la guerra y nunca volvieron a tener noticias de ella. Ni siquiera se atrevían a preguntarse si vivía.

10 Preñada[5] de ocho meses, su hija huyó de Madrid a los pocos meses de terminar la guerra siguiendo a un aprendiz de poeta que se transfiguraba[6] recitando a Garcilaso[7].

El muchacho había publicado unos poemas —pindáricos[8], decía él— en *Mundo Obrero*[9] y en algunos boletines del Ejército Popular[10]
15 y temió ser ajusticiado[11] por ello. Se ocultaron en casa de Eulalia, una antigua criada[12] de los padres de Elena, hasta que encontraron la oportunidad de salir clandestinamente de Madrid en un camión que transportaba ganado a Valladolid. No volvieron a tener noticias de ellos, aunque les consolaba pensar que habían logrado exiliarse.

20 Hablar siempre en voz baja es algo que, poco a poco, disuelve las palabras y reduce las conversaciones a un intercambio de ges-

---

1   irse apagando: *hier* abklingen, sich legen
2   los rigores de la venganza: Rachegelüste
3   el gobierno de Vichy: Vichy-Regime (1940–1944), Regierung des Südteils Frankreichs, die mit Nazideutschland kollaborierte
4   a mansalva: in Scharen
5   preñada: embarazada
6   transfigurarse: *hier* sich verklären, innerlich strahlen
7   Garcilaso: Garcilaso de la Vega (ca. 1498–1536), militar y poeta español del Siglo de Oro
8   pindárico/-a: nach Art des altgriechischen Lyrikers Pindar
9   Mundo Obrero: periódico del Partido Comunista de España, fundado en 1930
10 Ejército Popular (Republicano): nombre del ejército de la Segunda República Española durante la guerra civil
11 ajusticiar a alg.: executar a alg.
12 la criada: Hausangestellte, Dienstmädchen

tos y miradas. El miedo, como la voz queda[1], desdibuja[2] los sonidos porque el lado oscuro de las cosas sólo puede expresarse con
silencio.

Fui ingenuo, Padre, porque creí que todas las cosas del mundo
tenían ya su nombre, es decir, estaban ya clasificadas. Yo pensaba   5
que en eso estribaba[3] la armonía. Para mí era suficiente con llamar
a las cosas por su nombre, buscar los sentimientos en el diccionario
de las Sagradas Enseñanzas[4] para saber si estábamos hablando de
la Gracia[5] o de la Perdición[6]. Pero hay un campo de nadie[7], Padre,
que no está donde está el pecado y su castigo, ni está tampoco donde   10
la virtud y su recompensa: si tuviera que dibujar un mapa trazaría
una ancha franja[8] oscura a la que, con el derecho que se otorga a los
descubridores, me atrevería a llamar Elena. Elena era y es la madre de
Lorenzo. Voluntas bona, amor bonus; voluntas mala, amor malus.
¡Santo Tomás[9] se hubiera sorprendido con la complejidad de mi mapa!   15
Hay un lado turbio[10] en todos los paisajes que nunca podremos redu-
cir a la simple geografía. Padre, hay un punto oscuro en nuestro ser que
no contemplaron nuestros Padres: entre lo beatífico[11] y lo abyecto[12]
hay un campo inmenso que no resuelve el problema del Bien y del Mal,
un ámbito ambiguo, ahora lo sé, que es precisamente el de los hijos de   20
Adán[13]. Padre, hay que ser hijo predilecto[14] del Señor para no tener

---

1   la voz queda: Flüstern
2   desdibujar: verschwimmen lassen
3   estribar en a/c: basarse en a/c
4   el diccionario de las Sagradas Enseñanzas: *etwa* Lexikon der Theologie
5   la Gracia: *hier* Gottes Gnade
6   la Perdición: *hier* ewige Verdammnis
7   el campo de nadie: Niemandsland
8   la franja: Streifen
9   Santo Tomás: uno de los doce apóstoles de Jesús; se le atribuyen largos viajes
a Oriente
10   turbio/-a: confuso/-a, poco claro/-a
11   beatífico/-a: selig, *hier* gut
12   abyecto/-a: niederträchtig, *hier* böse
13   Adán: Adam, im Alten Testament der Stammvater der Menschen
14   predilecto/-a: favorito/-a, preferido/-a

que elegir entre lo divino y su contrario. Yo sólo soy un hombre, Padre,
hijo del error original[1] y la maldición que conlleva.

**Mi hogar se distribuía a ambos lados de un pasillo. El edi-
ficio estaba dividido también en dos mitades: los pisos con**
5 **balcones a la calle de Alcalá, que formaban la parte noble del
vecindario, y los más humildes, que daban a la calle Ayala.
Nosotros vivíamos en uno de estos últimos.**

    **Aunque podría describir palmo a palmo[2] aquella casa, lo
imborrable[3] de aquel piso serán siempre las ventanas que**
10 **acechaban[4] eternamente nuestras vidas, eran la parte frágil
de nuestro reposo[5] familiar. Si estaban abiertas, sólo podía
hablar en voz alta con mi madre; si era de noche tenía que
esperar a que mi padre abandonara las habitaciones para
encender la luz. Todo este juego de silencios y oscuridades**
15 **estaba transido[6] por un tercer elemento que cristalizaba[7]
cualquier situación en la que se produjera: el ruido del
ascensor.**

    **Desde que se ponía en marcha hasta que llegaba a nuestro
piso, el tercero, había un tiempo que todos teníamos interi-**
20 **orizado y perfectamente medido. Si se paraba en el segundo,
o continuaba más arriba, todo seguía en el punto en que se
había detenido; si se paraba en el tercero, no sólo se conge-
laba el tiempo sino que se petrificaba[8] el aire hasta que oíamos un timbrazo[9] en cualquiera de las otras tres viviendas**

---

1   el error original: Erbsünde, Ursünde (Begriff der christlichen Theologie für
     die Trennung der Menschen von Gott, die durch den Sündenfall Adams und
     Evas herbeigeführt wurde)
2   palmo a palmo: en detalle
3   imborrable: que queda en la memoria
4   acechar: *aquí* amenazar
5   el reposo familiar: Familienruhe, Familienfrieden
6   transido/-a: *hier* überlagert
7   cristalizar: *aquí* erstarren lassen, *hier* zum Stillstand bringen
8   Petrificar: *fig.* versteinern, *hier* zum Stillstand bringen
9   el timbrazo: toque fuerte de un timbre

de nuestro rellano[1]. Entre todos los ruidos, entre todas las voces, entre todas las expresiones de vida a nuestro alrededor, mi padre, mi madre y yo teníamos perfectamente catalogados los que presagiaban[2] peligro y los que reflejaban rutina. Nadie aludía[3] nunca a esos silencios que el ascensor provocaba, como nadie hacía comentario alguno cuando mi padre, si alguien llamaba a nuestra puerta, se escondía en un armario empotrado[4] tras un tocador[5] con dos mesillas a ambos lados de un espejo.

El armario no había sido construido para la finalidad que ahora tenía. Antes de la guerra, aprovechando una irregularidad del dormitorio que ahora parecía cuadrado, habían creado un espacio triangular disimulado tras un tabique[6] sobre el que se apoyaba un espejo, enmarcado en caoba[7] oscura, que llegaba hasta el suelo y que era en realidad la puerta de un gran armario empotrado. Cabía una persona holgadamente[8], tumbada[9] o de pie y las bisagras de la puerta[10] estaban disimuladas con un enorme rosario[11] de tupidas cuentas de madera[12] con un crucifijo de plata en el que había un Cristo deforme[13] pero con un gesto de dolor tal

1 el rellano: Treppenabsatz
2 presagiar: anunciar
3 aludir a a/c: hablar de a/c
4 el armario empotrado/-a: in eine Wandnische eingelassener Schrank; Wandschrank
5 el tocador: Schminktisch
6 el tabique: Trennwand
7 enmarcado/-a en caoba: mit einem Rahmen aus Mahagoni(holz)
8 caber holgadamente: bequem hineinpassen
9 tumbado/-a: *hier* liegend
10 la bisagra (de la puerta): (Tür)scharnier
11 el rosario: Rosenkranz (Gebetskette mit 59 Perlen, die die für das Rosenkranzgebet verwendet wird)
12 de tupidas cuentas de madera: aus dicht gereihten Holzperlen
13 deforme: entstellt

en su rostro que procuraba[1] no quedarme nunca a solas con
él en aquel cuarto.

Había, además de dos camas de hierro niquelado[2] con
cabeceros[3] adornados con hojas metálicas de parra[4] y un
5 cristal oblongo[5], un enorme armario de tres cuerpos con
una luna enorme en la parte central que me servía a mí para
soñar en un mundo donde mi derecha era su izquierda y
al contrario. Recuerdo que mi padre definió mi confusión
algo así como «puntos de vista diferentes a la hora de ver
10 las cosas». En ese armario se guardaba mi ropa y la de mi
madre. Olía a naftalina[6]. La de mi padre se ocultaba con él
en su cobijo[7]. He conservado el olor de ese escondite y lo he
reconocido en las cocinas pobres[8], en las uñas[9] sucias, en
las miradas desgastadas, en los desahuciados por los médi-
15 cos[10], en los humillados por la vida y en las garitas de guardia[11] de los cuarteles[12]. En las cárceles no huele a eso, huele a
lejía[13] y al olor que tiene el frío.

→ **Tareas A**

*Me sentí pastor y fui feliz al saber que había descarriados[14] en mi
20 rebaño[15]. ¡Cuan[16] lejos estaba yo, Padre, de saber que yo era el lobo!*

---

1 procurar hacer a/c: intentar hacer a/c
2 niquelado/-a: vernickelt
3 el cabecero: Kopfteil (eines Betts)
4 la hoja de parra: Weinblatt
5 oblongo/-a: länglich
6 oler a naftalina: *hier* nach Mottenkugeln riechen
7 el cobijo: Versteck, Unterschlupf
8 la cocina pobre: *hier* Armenküche
9 la uña: Fingernagel
10 el/la desahuciado/-a por los médicos: *hier* Todkranke/r
11 la garita de guardia: Wachstube
12 el cuartel: Kaserne
13 la lejía: Waschlauge
14 el/la descarriado/-a: Verirrte/r, Mensch auf Abwegen
15 el rebaño: Herde
16 cuan: tan

Como Bossuet[1], hice acopio[2] de mi cáliz[3] para darles de beber los secretos del Señor. Comencé a hacerme el encontradizo[4].

Nunca más obligué al niño a cantar, aunque no me pasaba desapercibido[5] su fingimiento. Al romper filas[6], cada tarde, los alumnos se abalanzaban hacia la puerta de salida del colegio. Yo espiaba el comportamiento de Lorenzo y no pocas veces tuve ocasión de encontrarme con su madre. Al principio nos limitábamos a saludarnos formalmente y, aunque ella rehuía[7] mi conversación, poco a poco comenzamos a intercambiar algunos comentarios sobre el niño, luego sobre la infancia alborotada[8], sobre la misión de la docencia[9] y otros temas que, pensé, me llevarían a hablar de las verdades del alma. Yo, Padre, notaba que me sentía a gusto junto a ella, pero pensé que si Dios había querido dotar al hombre de una compañera semejante a su primera criatura, adjutorium simili sibi[10], era también Su Voluntad que yo sintiera la complacencia[11] que sentía. Lorenzo guardaba silencio si bien[12] es cierto que buscaba con insolencia la mirada de su madre, pero yo, lejos de notar las complicidades que se traían entre manos[13], me complacía[14] también por el amor filial[15] que su madre le inspiraba. La pez es densa y es oscura para ser impenetrable, Padre.

---

1 Bossuet: Jacques-Bénigne Lignel Bossuett (1627–1704), clérigo e intelectual francés
2 hacer acopio de a/c: *aquí* llenar a/c
3 el cáliz: Kelch
4 hacerse el encontradizo: *hier* jdm scheinbar zufällig über den Weg laufen
5 no pasar desapercibido/-a: nicht unbemerkt bleiben
6 al romper filas: *hier* bei Schulschluss
7 rehuir a/c: evitar a/c
8 alborotado/-a: *aquí* difícil
9 la misión de la docencia: Lehrtätigkeit
10 adjutorium simili sibi: *lat.* eine Gefährtin, die zu ihm passt (Gen 2, 18)
11 la complacencia: Zufriedenheit
12 si bien: aunque
13 las complicidades que se traían entre manos: *etwa* die Verbundenheit zwischen den beiden
14 complacerse (c>zc) por a/c: alegrarse de a/c
15 el amor filial: el amor de un niño por sus padres

No niego que intuí[1] en Elena el ancestro[2] de Eva, no el de la Eva hermosa, pura y grácil, formada para cautivar el corazón del hombre y subir con él en común vuelo hasta Dios, sino el de la Eva caída, desnuda y arrepentida, la primera inductora[3] del mal. Pese a ello, con-
5 *vertí en rutina acompañar a Lorenzo y a su madre durante un trecho del camino[4] que recorrían para regresar a casa. Había algo en Elena que me inducía a librar[5] mi propia batalla. Fueron momentos felices de mi diaconato en aquel colegio.*

—El niño no volverá al colegio. Diles que está enfermo.
10 —Eso levantará aún más sospechas.
—Pero no podemos exigirle que soporte eternamente los acosos de ese fraile[6]. Tenemos que cambiarle de colegio, o lo que sea.
—Los dos aguantaremos a ese untuoso[7], no te preocupes.
Cada mañana, las resistencias del niño a ir al colegio adquirían
15 formas nuevas: unos días fingía una tos[8] que le hacía vomitar el desayuno, otros un dolor insufrible de estómago le mantenía con la cabeza en las rodillas mientras su madre trataba de vestirle con dulzura, otros, sin más, lloraba dócilmente.
Sólo cuando la evidencia hacía inevitable el camino del colegio,
20 abandonaba sus lamentos en favor de una resistencia pasiva que multiplicaba el tiempo necesario para dar un paso, para recibir un beso o guardar el cuaderno de tareas en la mochila de cuero.
Elena, ya en la puerta del colegio, empujaba suavemente a su hijo hacia el interior del patio y le susurraba al oído una frase cómplice[9]:
25 —Tenemos que ser fuertes para ayudar a papá. Él nos necesita.

---

1 intuir: *aquí* ver, sentir
2 el ancestro: *aquí* los rasgos característicos, la herencia
3 la inductora: *hier* Urheberin
4 un trecho del camino: ein Stück des Weges
5 librar: *aquí* llevar
6 el fraile: Mönch
7 el untuoso: schmieriger Kerl
8 la tos: Husten
9 cómplice: *hier* verschwörerisch

Después, permanecía junto a la valla del recinto[1] hasta que un coro de voces infantiles comenzaba a cantar Montañas nevadas[2] o cualquier otro himno patriótico. La rutina de lo oscuro comenzaba con la ternura de esas voces que ensalzaban[3] epopeyas[4] desconocidas con palabras ininteligibles[5] para ellos. Eran los tiempos de lo   5 incomprensible y nadie trataba de entender lo que ocurría.

Abrigada[6] por un sobretodo[7] oscuro con cuello de terciopelo[8] ancho y redondo, Elena regresó hasta el cruce de las calles Alcalá y Goya para tomar el metro que solía utilizar para llegar hasta Argüelles, donde, cuatro manzanas más allá, estaba la empresa   10 Hélices, una compañía estatal hispanoalemana que, auxiliar[9] de otras empresas estatales aeronáuticas[10], encargaba traducciones a Elena.

Este trabajo, además de algún dinero para la subsistencia[11], daba derecho a Elena a retirar del economato[12] del Ejército de Aviación   15 dos chuscos[13] de pan blanco a la semana, que recibía al margen de la cartilla de racionamiento[14], donde sólo figuraban ella y el niño.

Las traducciones en realidad las hacía su marido, que, de esa forma, aliviaba su sensación de ser una carga para su mujer y su hijo. El uso de la máquina de escribir, una Underwood negra con   20 la marca de fábrica en letras doradas, estaba también restringido[15]

---

1   el recinto: *hier* Schulgelände
2   Montañas nevadas: uno de los himnos del régimen franquista
3   ensalzar: rühmen, lobpreisen
4   la epopeya: Heldentat, Abenteuer
5   ininteligible: incomprensible
6   abrigado/-a por a/c: in etw. gehüllt
7   el sobretodo: el abrigo
8   el cuello de terciopelo: Samtkragen
9   el auxiliar: *etwa* Subunternehmen
10 la empresa aeronáutica: Luftfahrtunternehmen
11 la subsistencia: Lebensunterhalt
12 el economato: *aquí* la tienda
13 el chusco: pedazo de pan
14 al margen de de la cartilla de racionamiento: über die Lebensmittelkarte hinaus
15 estaba restringido: *aquí* se usaba solamente

a los momentos en que Elena estaba en casa. Cuando ella salía, Ricardo hacía su trabajo a mano y lo mecanografiaba[1], tres copias con papel carbón, mientras ella recogía silenciosamente la casa o cosía[2] a mano, porque el ruido de la máquina de coser —una Singer
5 negra y niquelada sobre una plataforma[3] de madera apoyada en una estructura[4] modernista de hierro colado— y el de la máquina de escribir tampoco eran compatibles.

Ella, para hacer frente a los gastos de la casa, trabajaba para una lencería a medida[5] de la calle Torrijos que reservaba para Elena los
10 trabajos que requerían mayor esmero[6]. Siempre calificaban de primorosas[7] sus labores, pero la señora Clotilde no por ello aumentaba sus tarifas.

Aquel día, cuando regresó a casa con el tratado de estroboscopia[8] que tenía que traducir urgentemente, María, la portera, le dijo
15 que un religioso había venido a visitarla, y que, aunque ella le había dicho que no estaba en casa, insistió en subir y había estado un buen rato llamando al timbre de su casa.

**Ese cosmos estaba netamente dividido en dos mitades: la lóbrega[9] y la luminosa. A la primera pertenecía el colegio, las
21 preguntas de mis profesores y el silencio, a la otra pertenecía una parte de mi barrio y la forma que tenían sus gentes de relacionarse conmigo. Con la distancia tengo la sensación de que, como un péndulo, yo era capaz de estar a un lado y a otro sin confundirme gracias a las enseñanzas del espejo.**

---

1   mecanografiar: escribir a máquina
2   coser: nähen
3   la plataforma de madera: *hier* Holzplatte
4   la estructura: *hier* Gestell
5   la lencería a medida: Geschäft für Maßwäsche
6   el esmero: el cuidado, la precisión
7   primoroso/-a: excelente
8   el tratado de estroboscopia: Abhandlung über Stroboskopie (Untersuchungs-
      methode der Stimmbänder)
9   lóbrego/-a: oscuro/-a

En casa vivíamos una complicidad parlanchina[1], en la calle vivíamos un bullicio[2] silencioso. Yo tenía que disimular lo que mi padre me enseñaba en casa cuando estaba fuera y remozar[3] lo que ocurría en el exterior cuando estaba en casa. La relación con otros niños del barrio, por ejemplo, era un ejercicio de equilibrios bien guardados[4].

Aunque todos íbamos a distintos colegios, vivíamos en nuestra manzana sin traer nada del exterior, ni siquiera recuerdos, ni siquiera el miedo que nos inspiraban nuestros maestros. En la esquina de Alcalá con Ayala, el ángulo más agudo[5] de nuestra manzana, había una clínica dental que era en realidad una tienda sin escaparates, con sendos poyetes de mármol en cada fachada[6], uno en la calle de Alcalá, que apenas usábamos porque era frecuente encontrar escupitajos[7] con sangre de los pacientes, y otro en la calle Ayala que era, por ser la zona menos transitada, el punto de reunión de los niños de la manzana. Jugábamos a los juegos de los niños sin juguetes: a la taba[8], al rescate[9], a pídola[10], al zurriago[11] y a otros juegos en los que nosotros éramos las víctimas y los verdugos[12], juegos donde el castigo era siempre doloroso y el premio causar daño. Era una forma más de vivir los tiempos que corrían.

1 parlanchín/-ina: gesprächig
2 el bullicio: *hier* Hektik
3 remozar a/c: *hier* sich etw. ausmalen
4 el ejercicio de equilibrios bien guardados: *etwa* ein gut einstudierter Balanceakt
5 el ángulo agudo: spitzer Winkel
6 con sendos poyetes de mármol en la fachada: mit jeweils einer Sitzbank aus Marmor vor der Hauswand
7 el escupitajo: Spucke, Speichel
8 jugar a la taba: knobeln
9 jugar al rescate: Fangen spielen
10 jugar a pídola: Bockspringen
11 jugar al zurriago: kreiseln, mit einem Kreisel spielen
12 el verdugo: Henker

Todos hablaban a menudo de sus padres. Uno de ellos, Tino, con aspecto de cachorro[1] grande y que tenía cada ojo de un color, estaba orgulloso de su padre porque era picador de toros[2] además de oficinista[3]. Disfrutábamos cuando el
5 **enorme coche de cuadrillas[4] que funcionaba con gasógeno[5] iba a recogerle y él aparecía, espigado[6] y grave[7], en el portal con su espectacular traje de luces[8]. Otro de los integrantes del grupo de la esquina, Pepe Amigo, se ufanaba de[9] que su padre cazaba pájaros los domingos en Paracuellos del**
10 **Jarama[10]: con redes en primavera y con liga[11] durante el invierno. Tenía su casa, diminuta y pobre, llena de jaulas[12] con jilgueros[13] que cubrían por las noches para que descansaran de su agitación durante el día. Al padre de Pepe Amigo le admirábamos porque tenía una motocicleta Gilera**
15 **con el cambio de marchas[14] en el depósito de gasolina, de forma que, fuera a la velocidad que fuera[15], tenía que soltar una mano del manillar[16] para cambiar de marcha y eso nos**

---

1 el cachorro: Welpe
2 el picador de toros: Pikador (Stierkämpfer zu Pferde)
3 el/la oficinista: Büroangestellte/r
4 el coche de cuadrillas: Wagen der Stierkampftruppe
5 funcionar con gasógeno: mit Gas betrieben werden
6 espigado/-a: alto/-a y delgado/-a
7 grave: *aquí* serio/-a
8 el traje de luces: Stierkampfkostüm
9 ufanarse de a/c: mit etw. prahlen
10 Paracuellos de Jarama: municipio cerca de Madrid
11 la liga: *hier* Leimrute (mit Leim betrichene Rute, die zum Vogelfang verwendet wurde)
12 la jaula: Vogelkäfig
13 el jilguero: Fink
14 el cambio de marchas: Gangschaltung
15 fuera a la velocidad de fuera: bei jeder Geschwindigkeit
16 manillar: Lenker

parecía una proeza[1]. Y ello a pesar de que era cojo[2] y llevaba un alza[3] enorme en el zapato derecho.

También recuerdo a los dos hermanos Chaburre, que tenían doce vacas en el patio interior del edificio y abastecían[4] de leche a la vecindad, que acudía a comprarles con las lecheras de aluminio. Su padre las ordeñaba[5] y, en las raras ocasiones en que nos dejaban pasar a verlas, todos pensábamos en el valor que implicaba ordeñar aquellas bestias tan enormes y tan hoscas[6]. Podría enumerar las razones por las cuales todos admirábamos a los padres de los habitantes de la manzana. Ésta fue la única compensación que tuve el día en que se hizo público que el mío no sólo no había muerto sino que estaba en casa cuidándome desde el interior de un armario.

Ahora, Padre, sólo me quedan los escombros[7] de la memoria, las justificaciones abatidas de mi comportamiento. Debo empezar diciendo que no sé por qué empecé a seguir a Elena cuando ella dejaba al niño en el colegio. Si alguien me hubiese preguntado entonces, la excusa hubiera sido que algo turbio[8] envolvía a aquella mujer. Para justificar esta respuesta recurrí a un alférez[9] provisional que desempeñaba el cargo de comisario en Gobernación[10]. Por él supe que Ricardo Mazo, su marido, había sido profesor de Literatura en el Instituto Beatriz Galindo y constaba como huido. Fue uno de los organizadores, en 1937,

---

1 la proeza: Heldentat, *hier* Kunststück
2 ser cojo/-a: ein lahmes Bein haben
3 el alza: *hier* Erhöhung des Schuhs
4 abastecer (c>zc) a alg. de a/c: jdn mit etw. versorgen
5 ordeñar: melken
6 hosco/-a: mürrisch
7 los escombros: *hier* Bruchstücke
8 turbio/-a: *aquí* misterioso/-a
9 el alférez: Leutnant
10 el comisario en Gobernación: *etwa* Regierungskommissar

del II Congreso Internacional de Escritores Antifascistas[1], donde hizo valer su pensamiento masónico[2] y alardeó de su amistad personal con el comunista André Malraux[3] y el ruso Iliá Ehremburg[4]. Formó parte también de la comisión enviada en septiembre de 1936 por el 5 *Gobierno rojo a Plymouth para alterar las resoluciones de No Intervención tomadas por las Trade-Unions[5] inglesas. Pocos datos más existen sobre él, exceptuando que estaba efectivamente casado con Elena y que tenía dos hijos, Elena, nacida en el veintidós, y Lorenzo, que ahora tenía siete años. De ninguno de los dos constaba que hubi-* 10 *eran sido bautizados[6]. Acudí a la parroquia correspondiente, la de Covadonga, en la plaza de Manuel Becerra, y no pudieron darme la Fe de Bautismo[7] de ninguno de los hijos. Ambos habían nacido antes del Alzamiento y, por tanto, no había justificación[8] dado que esta parroquia milagrosamente[9] no fue ni cerrada ni agredida durante los tres años de la guerra. También me sorprendió que nunca hicieran refer-* 15 *encia a la hermana mayor, que, siendo todavía una muchacha, había desaparecido de sus vidas.*

Pudiera pensarse que mis recuerdos están al margen de la memoria del miedo, pero, a pesar del esfuerzo de mis padres 20 **para que yo no participara en aquella liturgia de temores, yo también estaba asustado por si se rompía la burbuja[10] donde ocultábamos nuestra cotidianidad familiar y el exterior,**

---

1 II Congreso…: congreso celebrado entre el 4 y el 17 de julio de 1937 en Valencia

2 masónico/-a: freimaurerisch; *hier* freiheitsliebend

3 André Malraux: escritor y político francés (1901–1976), que se comprometió por el bando republicano durante la guerra civil

4 Iliá Ehremburg: Iliá Ehrenburg (1891–1967), escritor y periodista ruso, corresponsal del periódico soviético «Izvestia» durante la guerra civil

5 Trade-Unions: denominación inglesa para los sindicatos obreros

6 bautizar a alg.: jdn taufen

7 la fe de bautismo: Taufschein

8 la justificación: *aquí* la explicación

9 milagrosamente: *hier* wie durch ein Wunder

10 la burbuja: *fig.* Blase

lo de ellos, lograba penetrar en nuestro mundo arrasando[1] nuestras ternuras silenciosas, nuestra felicidad disimulada. Recuerdo un día que estábamos jugando al parchís[2]. El hecho de ser sólo tres jugadores lo utilizaban mis padres para darme una ventaja encubierta por ser el tercero en el tablero, de forma que mis fichas no tenían perseguidor pero yo tenía sus fichas a mi alcance. Me tocaba tirar a mí cuando el ascensor se puso en marcha. Era de noche, el portal estaba ya cerrado y no corrían tiempos para los trasnochadores[3]. Parecía que nadie prestaba atención a los chirridos[4] del ascensor renqueante, pero todo se detuvo en una parsimonia[5] que parecía indiferente a lo que oíamos aunque justificaba todos los silencios.

Era tarde y era sábado. El ascensor se detuvo en el tercero. El silencio se transformó en quietud y el cubilete[6] y los dados quedaron suspendidos en el aire hasta que sonó el timbre. A mi alrededor comenzó un caos premeditado[7]. Mi padre se fue diligentemente a su armario, mi madre recogió sus fichas del tablero, sólo las suyas, y a mí, que ya estaba en pijama, me acostó en una de las camas de su dormitorio.

—Pase lo que pase, hazte el dormido —me dijo.

Recolocó el rosario que ocultaba las bisagras del armario donde se escondía mi padre y, atenta a cualquier desorden, fue a abrir la puerta que estaba aporreando sin misericordia el visitante inoportuno.

La habitación se quedó a oscuras y, cuando mi madre abrió la puerta a los visitantes, el silencio regresó como si

---

1 arrasar: *hier* wegfegen, fortreißen
2 el parchís: Brettspiel, ähnlich dem Spiel «Mensch-ärgere-dich nicht»
3 el/la trasnochador/-a: Nachtschwärmer/in
4 el chirrido: Quietschen
5 la parsimonia: el silencio
6 el cubilete: Würfelbecher
7 premeditado/-a: bien planeado/-a, estructurado/-a

nadie lo hubiera ahuyentado[1]**, pero fue entonces cuando me acordé de que, con las prisas, no habíamos recogido los papeles de la mesa de mi padre. Ahora lo cuento como si estuviera hablando de las travesuras**[2] **de un niño ajeno a mí**

5 **y me resulta imposible, porque el miedo es inefable**[3]**, describir el tremendo esfuerzo que supuso para aquel niño que tengo en la memoria abrir la puerta del dormitorio procurando no hacer ruido, ir a oscuras hasta la mesa de trabajo donde estaban las cuartillas**[4] **que mi padre utilizaba para**

10 **traducir, agruparlas en silencio mientras oía unas voces desabridas que insultaban a mi madre al otro lado del pasillo y, por último, regresar al dormitorio y arrojar**[5] **los papeles dentro del armario donde se escondía mi padre y su silencio. Lo único que lamenté después de aquello es no poder contar**

15 **a mis amigos mi proeza.**

Desde el verano del año en que acabó la guerra, la policía no había vuelto a registrar[6] la casa de Elena, pero una noche en la que la rutina familiar disimulaba[7] las asperezas del miedo[8], llegaron cuatro hombres vocingleros[9] al mando de uno más joven, con camisa

20 azul y abrigo de mezclilla[10], que se ponía en jarra[11] para preguntar y se atusaba el pelo lacio y grasiento mientras esperaba la respuesta. Los otros tres policías se sabían implacables[12], pero el joven se consideraba un dandi[13].

---

  1 ahuyentar: verscheuchen
  2 la travesura: Streich, *hier* Abenteuer
  3 inefable: que no se puede describir
  4 la cuartilla: la hoja de papel
  5 arrojar: lanzar, echar
  6 registrar: durchsuchen
  7 disimular: *hier* überdecken
  8 las asperezas del miedo: *etwa* Stacheln der Angst
  9 vocinglero/a: *hier* großmäulig
 10 la mezclilla: Jeansstoff
 11 ponerse en jarra: die Arme in die Hüften stemmen
 12 implacable: duro/-a, sin piedad
 13 considerarse un dandi (*ingl.* «dandy»): *hier* sich für einen Gentleman halten

A empellones[1], llevaron a Elena hasta la cocina. Dos de ellos siguieron avanzando por el pasillo y el joven y otro policía que tenía la cara picada de viruela[2] se quedaron junto a ella. Con la pistola sobre la mesa de mármol comenzó un interrogatorio caótico que Elena apenas escuchaba y que resolvía con monosílabos[3] no siempre congruentes con las preguntas porque todos sus sentidos estaban persiguiendo a los dos policías que registraban la casa.

A las preguntas de si era cierto que su marido estaba escondido en Madrid, de si su marido había muerto, de si ella estaba amancebada[4] con un cura, de si su hija era puta en Barcelona, de si no se le apetecía un revolcón[5] con unos hombres de verdad, de si su marido había matado monjas en la guerra, de si era adepta[6] al Movimiento Nacional, a todo esto, contestó que sí.

Sin embargo, contestó que no cuando le preguntaron si sabía que su marido estaba preso en Salamanca, que vivía con una furcia[7] en el sur de Francia, si era adepta al Movimiento Nacional, si sabía quién era el padre de su hijo, si tenía contactos con el Imperio Británico o si pensaba huir a Rusia para reunirse con su marido que era un capitoste[8] del Ejército Rojo.

El interrogatorio y sus respuestas, que hubieran sido distintas de haberse formulado en otro orden, quedó interrumpido cuando uno de los policías que registraban la casa apareció en la puerta de la cocina llevando a Lorenzo arrastrado de una oreja. El niño estaba descalzo y caminaba de puntillas[9] como si quisiera levitar[10] para mitigar[11] el dolor.

---

1 a empollones: schubsend, stoßend
2 picado/-a de viruelas: pockennarbig
3 con monosílabos: wortkarg, mit wenigen Worten
4 estar amancebado/-a con alg.: tener una relación amorosa con alg.
5 el revolcón: *vulg.* el acto sexual
6 adepto/-a a a/c: partidario/-a de a/c
7 la furcia: *vulg.* la prostituta
8 el capitoste: Anführer/in
9 de puntillas: auf Zehenspitzen
10 levitar: volar, flotar en el aire
11 mitigar: lindern

—¡Deja a mi hijo en paz! —gritó Elena mientras se abalanzaba a coger a su hijo en brazos.

A partir de ese momento la conversación de los cuatro policías se tejió[1] entre ellos como un juego de obscenidades y procacidades[2]
5 dichas al desgaire[3] mientras recorrían la casa desordenando los armarios, los libros, la vajilla, los juguetes de Lorenzo y todo aquello que pareciera estar en su sitio.

Pero a pesar del tiempo que estuvieron en el dormitorio de Elena comentando las infinitas posibilidades de felicidad que podrían
10 proporcionarles aquellas camas si ella fuera de verdad una mujer, no descubrieron que, tras el rosario de cuentas de madera, había unos goznes[4] que abrían el armario donde estaba escondido un hombre angustiado por si no lograba contener el llanto.

La verdad, Padre, es que me gustaba verla moverse entre la gente,
15 *caminar recatada[5] y grácil hacia su casa con el paso apresurado de la mujer hacendosa[6]. En dos ocasiones me hice el encontradizo y la invité a sentarse en la terraza de un café donde servían malta con leche[7] y mojicones[8]. Mis desvelos[9] por el pensamiento encontraban siempre una respuesta adecuada en el ámbito de sus sentimientos.*
20 *Todo parecía armónico. Éramos como dos ángeles procedentes de distintos coros. En nada nos parecíamos y en eso estribaba nuestra armonía. Yo pensaba y ella sentía, yo analizaba y ella sufría por lo agitado[10] de los tiempos que le había correspondido vivir.*

---

1 tejerse: *aquí* desarrollarse
2 la procacidad: Unverschämtheit
3 al desgaire: *etwa* wahllos, willkürlich
4 el gozne: (Tür-)Angel
5 recatado/-a: sittsam, bescheiden
6 hacendoso/-a: tüchtig
7 la malta: Malzkaffee
8 el mojicón: Biskuit
9 el desvelo: la atención, el cuidado
10 lo agitado de los tiempos que…: *hier* die Wirren ihrer Zeit

El hombre reflexiona con la cabeza para que el pensamiento des-cienda al corazón donde encuentra su vigor[1], mientras que la mujer discurre[2] con el corazón para que su instinto recobre la luz de la razón. Ahora sé que sus procedimientos para comunicar la verdad son tan diferentes de los nuestros como los modos que tienen de alcanzarla. Yo trataba de desvelar[3] su enigma, ella de persuadirme de su candidez[4]. Si al varón corresponden los sonidos brillantes y mayores, a la mujer competen los tonos menores, suaves y velados. Ella se adecuaba[5] a la armonía del Universo. 5

Todo esto pensaba yo, padre, para justificar lo esquivo[6] de sus respuestas, lo que convertía a Elena en algo cada vez más codiciado[7]. Decidí aproximarme más a ella, buscar más su contacto. 10

→ Tareas B

—No bebas más, Ricardo, te estás matando.

—¿Beber es lo que me está matando? No digas bobadas. 15

—Necesitamos estar lúcidos[8] para...

—Para vivir como si no existiéramos, ¿es eso?

—No, para seguir juntos, para resistir todo el tiempo necesario. No me gusta que Lorenzo te vea tan deshecho[9]. Por favor...

Con un gesto rápido retiró la botella de la mesa y fue a la cocina a guardarla en la fresquera. La casa estaba a oscuras y la tenue luz[10] del pasillo sólo insinuaba[11] los perfiles de las cosas. Aun conociendo la casa como la palma de la mano[12], había momentos en los que 20

---

1   el vigor: la fuerza
2   discurrir: pensar
3   desvelar: *aquí* revelar, descubrir
4   la candidez: *hier* Ehrlichkeit, Aufrichtigkeit
5   adecuarse a a/c: *hier* sich in etw. einfügen
6   lo esquivo de sus respuestas: *hier* ihre rätselhaften Antworten
7   codiciado/-a: *hier* begehrenswert
8   lúcido/-a: razonable, despierto/-a
9   deshecho/-a: *hier* neben der Spur, völlig fertig
10 la tenue luz: Dämmerlicht
11 insinuar: *hier* erahnen lassen
12 conocer a/c como la palma de la mano: etw. wie seine Westentasche kennen

tenía que caminar a tientas[1]. Cuando Elena regresó al comedor, la luz estaba encendida y su marido asomado a la ventana abierta de par en par[2]. Pese al frío, casi todas las ventanas estaban abiertas para que el olor a manteca[3] quemada y a coliflor[4] revenida[5] no impregnara[6] su pobreza. Serían las diez de la noche y Lorenzo hacía tiempo que dormía.

Como si quisiera protegerle de una lengua de fuego, se precipitó[7] sobre Ricardo con tal vehemencia que le hizo caer al suelo. Así permanecieron, arrebujándole[8] con su cuerpo, hasta que comprobaron qué otras voces y otros silencios daban los hechos por no ocurridos. Nada alteraba el frío.

Casi inmóviles, fueron desplazando suavemente con sus cuerpos el aire que mediaba[9] entre sus cuerpos, entrelazándose[10] hasta guarecerse[11] mutuamente de la noche y sus miradas. Escondidos el uno en el otro hablaron del miedo, de Lorenzo y su entereza[12] cómplice, de Elena huida, de la necesidad de no caer en el desánimo.

—No es eso, Elena, es estupor[13]. No por haber perdido una guerra que ya estaba perdida el día en que empezó, es otra cosa.

—¿El qué?

—Que alguien quiera matarme no por lo que he hecho, sino por lo que pienso... y, lo que es peor, si quiero pensar lo que pienso, tendré que desear que mueran otros por lo que piensan ellos. Yo

---

1 caminar a tientas: im Dunkeln tappen, sich vortasten
2 abierto/-a de par en par: sperrangelweit offen
3 la manteca: Fett, Schmalz
4 la coliflor: Blumenkohl
5 revenido/-a: verkocht
6 impregnar a/c: etw. durchtränken, etw. ausfüllen
7 precipitarse sobre alg.: sich auf jdn stürzen
8 arrebujar a alg.: *hier* jdn umschlingen
9 mediar: *aquí* estar, quedar
10 entrelazarse: sich verflechten, *hier* sich umschlingen
11 guarecerse (c>zc): protegerse
12 la entereza: *hier* Tapferkeit
13 el estupor: Verblüffung

no quiero que nuestros hijos tengan que matar o morir por lo que piensan.

Rompió en un lamento[1] sofocado, gutural y sordo, que su mujer fue rebañando[2] con los labios, buscando con su lengua los ojos de su esposo y apretando sus labios contra el llanto. Gota a gota, fue sorbiendo[3] el dolor de su marido. Y también su rabia.

Elena se levantó, cerró la ventana, apagó la luz y, a tientas, se acercó a Ricardo, que seguía inmóvil en el suelo tiritando[4]. Tomó sus manos, suavemente le forzó a que se levantara y, sin soltarle, le llevó hasta el dormitorio con una dulzura que empezó con besos y caricias en la cara humedecida por las lágrimas y terminó desnudándole con la misma delicadeza[5] con la que vestía al niño. Tuvo que reconstruir el camino de las caricias de antaño[6] y jadear[7] quedamente[8] para atraer las pasiones enterradas en los rincones del miedo. Ayudó a que las manos de Ricardo emprendieran la búsqueda de sus secretos y terminó arrodillándose para llamar con los labios el vigor que se escondía bajo todas las tristezas. Cuando obtuvo respuesta, en el suelo para eludir[9] los chirridos de la cama, se enzarzaron[10] en un cúmulo de posesiones que tuvo lugar sin un jadeo, sin un grito, sin un te quiero para seguir guardando el secreto de la vida.

Una de las cosas que más me sorprende es que inevitablemente, todos teníamos recuerdos de la guerra civil, del

---

1 el lamento: *hier* Weinkrampf, Wehklage
2 rebañar: *hier* auffangen
3 sorber: aufschlürfen
4 tiritar: zittern
5 la delicadeza: Feinfühligkeit, Sanftheit
6 de antaño: de antes, del pasado
7 jadear: stöhnen
8 quedamente: sin hacer mucho ruido
9 eludir: evitar
10 enzarzarse en a/c: in etw. geraten, sich in etw. verwickeln

cerco[1] de Madrid, de los acosos[2] de las bombas y de los obuses[3]. Sin embargo nunca hablábamos de ello.

En el colegio, Franco[4], José Antonio Primo de Rivera[5], la Falange[6], el Movimiento[7] eran cosas que habían aparecido como por ensalmo[8], que habían caído del cielo para poner orden en el caos, para devolver a los hombres la gloria y la cordura[9]. No había víctimas, eran héroes, no había muertos, eran caídos por Dios y por España, y no había guerra porque la Victoria, al escribirse con mayúscula, era algo más parecido a la fuerza de la gravedad[10] que a la resolución de un conflicto entre los hombres.

Del grupo de amigos que formaban parte de aquel universo sólo uno, Javier Ruiz Tapiador, vestía muy de tarde en tarde[11] el uniforme de Flecha[12]. Tenía ocho años y ya parecía un hombre en miniatura: hablaba con voz grave, tenía un tupé inalterable por la brillantina[13] y una forma de vestir que reflejaba cierto bienestar en su familia. Su casa era caliente y acogedora y, para corroborar[14] su liderazgo, tenía un

---

1 el cerco de Madrid: Belagerung von Madrid durch franquistische Truppen ab Oktober 1936
2 el acoso: *aquí* la amenaza constante
3 el obús: Granate
4 Franco: Francisco Franco Bahamonde (1892–1975), líder del bando nacional y dictador de España hasta su muerte en 1975
5 José Antonio Primo de Rivera (1903–1936): político fascista y fundador de la Falange Española
6 la Falange (Española): partido político español de ideología fascista, fundado en 1933 por José Antonio Primo de Rivera
7 el Movimiento: nombre que se usaba para referirse al partido único del régimen franquista, la Falange Española
8 como por ensalmo: wie von Zauberhand
9 la cordura: Vernunft
10 la fuerza de la gravedad: Schwerkraft
11 de tarde en tarde: todas las tardes
12 el Flecha: Bezeichnung für die jüngsten Mitglieder der franquistischen Jugendbewegung «Frente de Juventudes»
13 un tupé inalterable por la brillantina: *hier* mittels Pomade gefestigte Frisur
14 corroborar: confirmar, reafirmar

hermano mayor, Carlos, que nos contaba cuentos de terror
a todo el grupo de amigos con una pasión en sus descrip-
ciones, con una maestría para crear situaciones horrendas,
que aún hoy sigue sorprendiéndome su inefable[1] capacidad
de narrar historias improvisadas.   5

A la luz de una vela que le confería[2] un aire fantasmal,
hablando cadenciosamente[3] y salpicando su narración
de onomatopeyas[4] escalofriantes[5], comenzaba siempre su
relato hablándonos de unos hechos pavorosos[6] que él había
presenciado.   10

Los protagonistas eran siempre un grupo de niños de
nuestra edad acosados por un ejército de leprosos[7] que
se movían lenta y amenazadoramente buscando nuestras
vísceras[8] como si fueran su única posibilidad de sobrevivir.
La lepra no era una enfermedad infecciosa, era una enferme-   15
dad del alma y su peligro no estribaba en el contagio sino en
su voracidad[9] caníbal.

He dudado mucho antes de escribir esta carta y ahora tengo la
tentación de no terminarla. Pero quiero contar la verdad para cono-
cerla, porque la verdad se me escapa como el agua de lluvia entre los   20
dedos del náufrago[10]. Lo que no logro encontrar, Padre, es el arrepen-
timiento porque nadie me enseñó a diferenciar el amor de la lascivia[11]
y yo pensaba que me estaba enamorando. Atribuí a la Naturaleza la

---

1 inefable: *aquí* grande
2 conferir (e>ie): dar
3 cadenciosamente: con un cierto ritmo, rítmicamente
4 la onomatopeya: *hier* Laut, Geräusch
5 escalofriante: schaurig
6 pavoroso/-a: horrible
7 el/la leproso/-a: Aussätzige/r, Leprakranke/r
8 las vísceras: Eingeweide
9 la voracidad: Gier, Gefräßigkeit
10 el/la náufrago/-a: Schiffbrüchige/r
11 la lascivia: *hier* Begierde, Sinneslust

hecatombe[1] *que se estaba produciendo en mi alma, aunque eso ocurrió más adelante.*

Durante muchos años conservé el miedo a los leprosos, y lo que en el imaginario de otros niños era el ogro[2], el sacamantecas[3], el demonio o las brujas con escoba, para mí lo fueron aquellos seres sanguinolentos[4] que caminaban lenta e imparablemente perdiendo jirones de carne[5] mientras me perseguían para comerse mis entrañas[6].

A medida que pasaban los meses, la actitud de Ricardo se hacía cada vez más taciturna[7]. Elena notaba que contarle lo que ocurría fuera de aquellas paredes le alteraba[8] y dejó de comentar cómo era la vida más allá de la puerta de la casa.

Que la ciudad hubiera reinventado su rutina tras tres años de asedio[9], que todos se comportaran como si no hubieran perdido una guerra, que la complicidad de sus amigos de antaño no estuviera en la derrota sino en el borrón y cuenta nueva[10], sencillamente le enfurecía.

Poco a poco se fue empequeñeciendo[11], agachando cada vez más la cabeza. El hombre pulcro[12] que había sido se fue desvane-

---

1 la hecatombe: la catástrofe
2 el ogro: Oger (menschenfressende Kinderschreckfigur)
3 el sacamantecas: im spanischsprachigen Raum bekannte Kinderschreckfigur, die ihren Opfern die Eingeweide heraussaugt
4 sanguinolento/-a: *hier* blutrünstig
5 el jirón: Fetzen
6 las entrañas: Eingeweide
7 taciturno/-a: pesimista, melancólico/-a
8 alterar a alg.: *aquí* irritar, inquietar
9 el asedio: Belagerung
10 borrón y cuenta nueva: *loc. etwa* Schwamm drüber
11 empequeñecerse (c>zc): hacerse más pequeño/-a
12 pulcro/-a: guapo/-a

ciendo[1] en días sin afeitar, en aspectos desaseados[2], en desganas plomizas[3] y en ensimismamientos[4] impenetrables.

Cada vez más raramente reaparecía el hombre recto y decidido que conquistó a Elena en los tiempos en que la palabra era importante porque con ella se construía el pensamiento, cada vez más raramente emergía el pensador que pensaba en cómo se hacía viable[5] un proyecto colectivo, el intelectual que creía que lo humano era lo único importante.

Comenzó a prevalecer el hombre inerte[6], empeñado en adquirir cada vez más transparencia, en ocupar un lugar cada vez menor en el espacio. Aun estando solo en casa permanecía horas y horas encerrado en el armario.

Sólo la desbordante ternura de Elena, sus sutiles sugerencias para que hiciera por favor esto o aquello, su insistencia en que terminara la traducción de Milton que había comenzado en plena guerra, o en que pusiera por escrito sus opiniones sobre la ramplonería[7] poética de Lope y otros mil requerimientos para que regresara el profesor que había sido, sólo esto lograba devolver el brillo a unos ojos cada vez más impregnados por la sombra, cada vez más olvidados del paisaje.

Únicamente si Lorenzo estaba en casa, reaparecía el hombre resoluto capaz de seducir y entretener a un niño cubierto de zozobras[8].

Yo procuraba no invitar a nadie a casa para que mi padre no tuviera que encerrarse en el armario, pero mi madre, quizá por amor, quizá por estrategia, establecía un ritmo de reuniones con mis amigos en nuestro piso. Cuando esto ocur-

---

1   desvanecer: desaparecer
2   desaseado/-a: ungepflegt
3   la desgana plomiza: *hier* bleierne Antriebslosigkeit
4   el ensimismamiento: *hier* Apathie, Teilnahmslosigkeit
5   viable: machbar
6   inerte: sin vida, inmóvil
7   la ramplonería: Derbheit
8   cubierto/-a en zozobras: *aquí* miedoso/-a, angustiado/-a

ría, mi padre se encerraba en su armario con un candil de carburo[1] y unos libros hasta que todos se habían marchado.

Afortunadamente, la portera, mal encarada y grosera, y su marido, Casto, un albañil[2] silicótico[3] y macilento[4], monta-
5 ban en cólera siempre que veían pasar a algún niño que no fuera vecino de la casa que tan celosamente guardaban. Esto, además de añadir un miedo más a nuestras vidas, evitaba las visitas imprevistas de mis amigos y los sobresaltos[5] que siempre producían los timbrazos.

10 No podré olvidar nunca que en una ocasión en que la reunión tuvo lugar en nuestra casa, mi padre se sintió enfermo y tuvo que ir al cuarto de baño perentoriamente[6]. A pesar de que teníamos la puerta del comedor cerrada, a través de los cristales y de los visillos[7] que la adornaban
15 alguien entrevió una sombra recorriendo el pasillo.

Para salir del paso[8], mi madre resolvió la situación hablando de un fantasma que de vez en cuando venía a visitarnos. Naturalmente la explicación heló la sangre de todos los presentes, pero estábamos tan hechos al miedo, tan acos-
20 tumbrados a las imágenes del Infierno, conocíamos tan bien lo aciago[9] y sus horribles moradores[10], que todos dieron por buena la explicación. Seguimos jugando al parchís y al cabo del rato se oyó el ruido de la cisterna del retrete[11] que, al rellenarse, producía un traqueteo[12] que terminaba en un

---

1 el candil de carburo: Gaslampe
2 el albañil: Maurer
3 silicótico/-a: *hier* kurzatmig
4 macilento/-a: flaco/-a y pálido/-a
5 el sobresalto: Schrecken; *hier* Schrecksekunde
6 perentoriamente: urgentemente
7 el visillo: Scheibengardine
8 para salir del paso: *aquí* para explicar la situación
9 aciago/-a: unheilvoll
10 el/la morador/a: el/la habitante
11 la cisterna del retrete: Toilettenkasten
12 el traqueteo: el ruido

silbido parecido al ulular del viento[1]. El estupor y el miedo les paralizó, pero mi madre se limitó a comentar con naturalidad: «Siempre hace lo mismo este fantasma. Tira de la cadena y se marcha». Una sensación de alivio se derramó sobre mis amigos y continuamos jugando. 5

Hay un no sé qué de ternura[2] en lo sublime[3], flebile nescio quid[4], que dijera el poeta, y es el don de las hermosas lágrimas. Las vi aflorar[5], Padre, en los ojos de Elena un día en que, después de dejar al niño en el colegio, la seguí hasta un piso en la calle Torrijos donde irrumpí de sopetón[6] llevado por una curiosidad malsana, lo reconozco. Comencé 10 *a seguirla, no tanto para vigilarla cuanto por el placer de admirarla, porque aún hoy, cuando los hechos inexorables[7] extinxerunt impetum ignis[8], han apagado el vigor del fuego, sigo sobrecogiéndome[9] al recordar la cadencia[10] de su caminar pausado. Entró en un edificio de porte señorial[11] y tuve tiempo de ver que el ascensor se detenía* 15 *en el cuarto piso. Resultó ser un taller de confección de prendas íntimas femeninas cuya hechura[12] se realizaba por encargo de lúbricas[13] mujeres que, sin duda, formaban parte de lo más disoluto[14] de nuestra sociedad. Elena cosía a destajo[15] para este taller y, debo confesarlo,*

1   el ulular: Heulen
2   la ternura: Zärtlichkeit
3   sublime: erhaben
4   flebile nescio quid (*lat.*): irgendetwas Trauriges (Versfragment aus den «Metamorphosen» des römischen Dichters Ovid [43 v. Chr. – 17 n. Chr.])
5   aflorar: salir, aparecer
6   irrumpir de sopetón: unvermittelt auftauchen
7   inexorable: unerbittlich
8   extinxerunt impetum ignis: *lat.* sie haben die Glut des Feuers gelöscht (Hebr 11,34)
9   sobrecogerse: *hier* voller Bewunderung sein
10 la cadencia: el ritmo
11 un edificio de porte señorial: Herrenhaus, Stadtvilla
12 la hechura: Zuschnitt
13 lúbrico/-a: *hier* unanständig
14 disoluto/-a: zügellos, lasterhaft
15 a destajo: im Akkord (Arbeitsverhältnis, in dem jemand nach Stückzahlen entlohnt wird)

sentí cierta ira al ver que aquellas manos, nacidas para acariciar a sus hijos, a sus allegados[1], se estaban desperdiciando[2] en tan fútiles labores. No puedo explicar la razón por la que, rodeado de aquellos procaces[3] maniquíes[4] que vaticinaban[5] el uso de aquellas prendas,
5 *tomé sus manos entre las mías y las llevé hasta acariciar mi cara mientras le susurraba que Dios las había creado para más altos designios[6]. No las apartó, Padre, y pensé que me comprendía. Las dejó inertes[7] sobre la piel de mi rostro y sentí el céfiro[8] de su tacto[9] invadiendo los cimientos[10] de mi vocación sacerdotal, transfigurando mi proyecto,*
10 *confundiendo las razones de mi diaconato.*

Cuando la miré a los ojos, ante la inmovilidad de las costureras[11] presentes, a las que sin duda infundía un profundo respeto mi sotana, Elena estaba llorando silenciosamente. ¿De qué se arrepentía, Padre? ¿De dedicar el primor[12] de sus manos a tan indigna tarea? ¿O, como
15 *yo pensé en aquel momento, estaba conmovida por la intensidad de mi afecto? Ahora sé, Padre, que sus lágrimas no brotaron por nada de esto, pero, ¡ay de mí!, ha tenido que morir un hombre para que yo lo comprendiera.*

Balbucí[13] una excusa que no me importó que fuera estúpida para
20 *explicar mi presencia en aquel piso y regresé al colegio satisfecho porque, a mi modo, ya le había dicho a Elena que yo estaba dispuesto*

---

1 sus allegados: *etwa* ihre Liebsten
2 desperdiciar: verschwenden
3 procaz: *hier* aufreizend
4 el maniquí: Modellpuppe, Schaufensterpuppe
5 vaticinar: *aquí* mostrar, ilustrar
6 para más altos designios: für höhere Zwecke
7 inerte: inmóvil
8 el céfiro: *poét.* Brise, sanfter Wind
9 el tacto: *aquí* el contacto
10 invadir los cimientos de mi vacación sacerdotal: an den Grundfesten meiner priesterlichen Berufung rütteln
11 la costurera: Näherin
12 el primor: Geschicklichkeit
13 balbucir: stammeln

a protegerla. Si no aceptaba, sería tan necia[1] como la estatua que rechaza su pedestal[2].

—¿Quieres mucho a tu mamá?

Lorenzo asintió con la cabeza. El hermano Salvador acarició al niño en señal de aprobación. Al menos un centenar de párvulos correteaban[3] por el patio formando un enjambre[4] ruidoso y caótico que solamente ellos comprendían. Como el espacio no era suficiente para todos, los grupos se entremezclaban pero los juegos no, porque todos sabían con quién y contra quién jugaban.

—¿Y tu papá no os escribe?

Lorenzo negó con la cabeza.

—¿Por qué?

—Porque está muerto.

El hermano Salvador acarició otra vez la nuca del niño mientras hablaba de la voluntad del Señor, de sus designios inescrutables[5], de la entereza de los santos y otras cosas que Lorenzo no entendía.

—¿Y tu mamá no tiene a nadie que la ayude?

—A veces viene la señora Eulalia. Pero ahora está en la cárcel.

—¿Y por qué está en la cárcel?

—Por vender pan de estraperlo[6].

¡Por fin pudo decir algo que era cierto! Eulalia era una mujer compacta, ancha y alta, a la que sus sesenta y tantos años de vida habían estriado[7] el rostro con arrugas uniformes que conferían a su mirada azul el fulgor de un ascua[8] y a su sonrisa los perfiles de un camafeo[9].

---

1 necio/-a: tonto/-a, estúpido/-a
2 el pedestal: Sockel
3 corretear: correr en varias direcciones por juego o diversión
4 el enjambre: Schwarm
5 inescrutable: que no se puede saber ni averiguar
6 de estraperlo: auf dem Schwarzmarkt
7 estriar: *hier* zerfurchen
8 el fulgor de un ascua: el brillo claro
9 el camafeo: Kamee (Edelstein mit erhaben geschnittener figürlicher Darstellung)

Se ganaba una vida precaria como asistenta, pero eran tales los rigores[1] de las casas que atendía que sólo lograba trabajar de tarde en tarde.

Cuando el hambre superaba su capacidad de subsistencia[2], pedía
5 a Elena un chusco de pan blanco y se iba a venderlo con descaro[3] al mercado de Abastos que había en la calle Hermosilla.

Elena, que conocía a Eulalia desde niña porque había trabajado desde siempre en casa de sus padres, le daba el pan y se comprometía a ir a verla a la cárcel de mujeres de Las Ventas[4].

10 Eulalia, con su refajo[5] medieval y su cabello blanco, se las componía para ser vista por los guardias y cada detención suponía dos comidas diarias durante diez o quince días, según el descaro que mostrara ante el rigor[6] del comisario.

Los jueves, a las seis, Elena y Lorenzo se apostaban en la acera
15 de enfrente de la cárcel de mujeres y un pañuelo ondeando[7] entre las rejas[8] de una tronera[9] era la señal de que Eulalia estaba recuperando fuerzas para seguir viviendo cuando saliera.

Los ojos de Lorenzo estaban fijos en un grupo de niños que jugaban a la pelota. El hermano Salvador, con un gesto de condescen-
20 dencia[10], le dejó unirse a sus compañeros y se quedó observando cómo se integraba en un juego cuyas reglas sólo los jugadores comprendían. Las respuestas del niño, no sabía por qué, le habían llenado de un regocijo[11] tal que le impidió tirar de las orejas a un

---

1 el rigor: *hier* Anforderung, Strapaze
2 cuando el hambre superaba su capacidad de subsistencia: *etwa* wenn der Hunger sie übermannte
3 con descaro: dreist
4 Cárcel de mujeres de (Las) Ventas: prisión femenina en Madrid, en operación 1933–1969
5 el refajo: la falda
6 el rigor: Strenge
7 ondear: flattern
8 las rejas: Gitterstäbe
9 la tronera: *hier* Zellenfenster
10 con un gesto de condescendencia: mit einer nachgiebigen Handbewegung
11 el regocijo: la alegría

párvulo desdentado[1] que, como los judíos al Señor, escupió a un compañero que le había quitado la peonza[2].

Los gritos, el juego agitado de los niños, el sol templando un aire transparente, el candor[3] de una respuesta, el orden natural de cada cosa, el tiempo pautado en un horario, el rebaño y su pastor, la jerarquía, devolvieron al presente el sabor que tuvo antaño[4] cuando aún era no vencedor sino hacedor de la Victoria. El hermano Salvador se sintió un desheredado[5] al que ahora correspondía heredar la Tierra. «Porque ellos serán hartos», pensó, y, casi sin advertirlo, cruzó aquel patio mascullando[6]: ¡Saturabuntur! 10

En Alcalá 179 vivía un personaje inquietante[7]: Silvenín. Era algo mayor que el resto del grupo pero la diferencia de edad no justificaba su desapego[8]. Era un personaje sólido, tan encorvado siempre hacia delante[9] que parecía caminar sólo para guardar el equilibrio. Raras veces se incorporaba a nuestro grupo. Su padre era un adulto transparente en el que nadie hubiera reparado[10] a no ser por la compañía de su mujer[11], que, sin ser hermosa, era un ejemplo de dulzura que aún hoy recuerdo como un refugio silencioso entre la hosquedad[12] de los adultos que regían nuestro mundo. Ella se limitaba a saludar, su marido ni eso hacía de lo apocado[13] que era. 20

1   desdentado/-a: sin dientes
2   la peonza: Kreisel (Spielzeug)
3   el candor: *hier* Offenheit
4   antaño: antes, en el pasado
5   el/la desheredado/-a: Enterbte/r
6   mascullar: murmurar, hablar entre dientes
7   inquietante: *hier* verstörend
8   el desapego: *hier* Unnahbarkeit
9   encorvado/-a hacia delante: nach vorne gebeugt
10   en el que nadie hubiera reparado: der niemandem aufgefallen wäre
11   a no ser por la compañía de su mujer: *etwa* wenn da nicht seine Frau gewesen wäre
12   la hosquedad: *hier* Launenhaftigkeit
13   de lo apocado que era: so teilnahmslos war er

Silvenín tenía la seriedad de su padre y los ojos azules además de la sonrisa de su madre: nos producía respeto. Recuerdo que en una ocasión en la que estábamos todos reunidos en torno al poyete de la clínica dental que daba a la calle Ayala, pasó por delante el párroco[1] de la iglesia de Covadonga, un ser casposo[2] y sucio con un lobanillo[3] en la frente y unos labios flácidos[4] siempre húmedos que salpicaban saliva[5] cuando predicaba tonante contra el pecado en la misa del domingo y acumulaba una espuma[6] densa y blanca en las comisuras[7] al bisbisear[8] sus oraciones. Todos nosotros, siguiendo las enseñanzas que habíamos recibido en el colegio, nos precipitamos a besarle la mano que él, sin detenerse, dejaba lánguidamente[9] a merced de nuestro obsequioso respeto. Todos menos Silvenín, que, cuando se recompuso el grupo, nos preguntó: «¿Creéis que los curas no se limpian el culo[10]?».

Los demás rieron su gracia, pero yo sentí un miedo irracional a que el secreto guardado en mi casa fuera descubierto, y, al mismo tiempo, una complicidad entrañable[11] con aquel vecino. Ahora no sabría decir por qué, dado que mis padres, que yo recuerde, nunca me hablaron ni de la Iglesia, ni del clero, ni mucho menos de la religión, que, convertida en asignatura de Historia Sagrada y Catecismo, era simplemente

---

1 el párroco: el cura
2 casposo/-a: voller Schuppen
3 el lobanillo: Grützbeutel (gutartige Zyste in der Kopfhaut, die bis zur Größe eines Hühnereis anschwellen kann)
4 flácido/-a: schlaff
5 salpicar saliva: Spucke versprühen
6 la espuma: Schaum
7 la comisura: Mundwinkel
8 bisbisear: *hier* vor sich hinsprechen
9 lánguidamente: sin fuerza
10 el culo (*vulg.*): Arsch, Hintern
11 la complicidad entrañable: innige Verbundenheit

algo que yo tenía que fijar en mi memoria[1], tarea en la que
colaboraban tomándome la lección[2] de vez en cuando. Esto
me hace pensar que mis padres tenían miedo de enseñarme
lo que pensaban y yo tenía miedo de saber lo que pensaban.
Era otra forma de complicidad, como el armario donde vivía   5
mi padre o la viudedad[3] de mi madre. Todo era real, pero
nada verdadero.

¿Ha de ser en la renunciación[4] donde se recojan las flores que nacen
del espinoso arbusto[5] de la vida?, me preguntaba yo, ¿o podré conver-
tirme en el árbol robusto que se ha erguido[6] a fuerza de[7] pecados y   10
arrepentimientos, de descarríos[8] y regresos al camino, de altanerías[9]
y humillaciones? Le confieso, Padre, que, tras tantos años de inviernos
y sequías, noté formarse en mí los brotes[10] de una flor capaz de dar su
fruto. Pensé en preterir[11] mi vocación de pastor para formar parte del
rebaño.   15

Habian transcurrido más de seis meses desde mi primera conver-
sación con Elena y se habían producido otros encuentros, forzados
o casuales, en los que yo había destilado[12] la sinceridad de mis afec-
tos e incluso, como ya le he contado, la vehemencia de mi amistad
celante[13].   20

---

1   fijar en la memoria: aprender de memoria
2   tomar la lección a alg.: jdn abhören, jdn abfragen
3   la viudedad: Witwenschaft
4   la renunciación: Entsagung, Verzicht
5   el espinoso arbusto: Dornenstrauch
6   erguirse (e>ie): *aquí* crecer
7   a fuerza de: kraft, mittels; *hier* durch
8   el descarrío: Verirrung; *hier* Abkommen vom rechten Weg
9   la altanería: Überheblichkeit; *hier* Hochmut
10   el brote: Knospe
11   preterir (e>i) a/c: *aquí* renunciar a a/c
12   destilar: *aquí* revelar, mostrar
13   celante: *aquí* apasionante

La pérdida de su esposo que, aun formando parte de los aherroja-dos por nuestra razón histórica[1], era a la postre[2] el padre de sus hijos, la falta de noticias de su hija Elena que el vendaval de la guerra[3] había arrastrado a la terra incógnita[4] del silencio y la necesidad imperiosa[5]
5 *de sacar adelante[6] a un vástago[7] vivaz y triste al mismo tiempo, todo esto y muchas cosas más, me explicaban su dulzura esquiva[8], su falta de disposición para hablar de otra cosa que no fuera su hijo, sus prisas en dar por terminados los encuentros y el pudor[9] que sentía cuando hablaba de sí misma. Por entonces yo, Padre, justificaba esta actitud*
10 *llamándola decoro[10].*

Varias veces fui a su casa durante las horas lectivas[11] para tener oportunidad de hablarle de mis intenciones, pero nunca estaba en casa. Quizás este hecho, tan insólito[12] en una mujer, debiera haberme puesto sobre aviso[13], pero mi aturdimiento[14] ante opciones brotadas
15 *repentinamente en mi futuro[15] no me permitió analizar lo extraño de los hechos.*

Aunque mi función en el colegio era puramente administrativa y mis salidas estaban justificadas por la necesidad de recaudar[16] con-tribuciones caritativas para la buena marcha de la Orden, el hermano

---

1 aun formando parte de los aherrojados por nuestra razón histórica: *etwa* obwohl er zu den Gegnern unserer bedeutenden Sache gehörte
2 a la postre: letztlich, schließlich
3 el vendaval de la guerra: *etwa* der Strudel des Krieges
4 la terra incógnita: Terra incognita, *lat.* unbekanntes, unerforschtes Gebiet
5 la necesidad imperiosa: dringende Notwendigkeit
6 sacar adelante a alg.: jdn durchbringen
7 el vástago: *fig.* el hijo
8 su dulzura esquiva: *hier* ihre rätselhafte Zurückhaltung
9 el pudor: Scham
10 el decoro: Sittsamkeit, Anstand
11 las horas lectivas: Unterrichtszeit
12 insólito/-a: inhabitual, poco común
13 poner sobre aviso a alg.: jdn aufhorchen lassen
14 el aturdimiento: la confusión
15 opciones brotadas repentinamente en mi futuro: unvermittelt auftauchende Zukunftsaussichten
16 recaudar contribuciones caricativas: Spenden sammeln

Arcadio, nuestro Superior, me reconvino[1] por la disipación de mi conducta[2]. Tenía razón. Las oraciones se me hacían interminables, las ceremonias religiosas ya no provocaban en mí la desazón[3] que todo pecador debe sentir ante los ojos de Dios, y, créame, Padre, que, de todas las lecturas de la Sagrada Biblia, de todas mis horas piado- 5
sas, sólo quedaba una frase de los Salmos[4] en mi memoria: Son tus pechos dos crías de gacela paciendo entre azucenas[5].

El ascensor se detuvo en el tercero. Elena estaba en la cocina lim-piando lentejas y se paralizó como si esa labor provocara un estru-endo[6]. Ricardo, satisfecho porque acababa de encontrar la forma de 10 traducir un endiablado verso de Keats[7], dejó en el aire sus dedos sobre el teclado de la Underwood como si le hubieran sorprendido haciendo algo prohibido. Sólo el reloj de pared del comedor siguió moviéndose después de sonar el timbre.

Toda esa quietud se deshizo en una rutina agitada y silenci- 15 osa. Elena recorrió sigilosamente el pasillo hasta comprobar que Ricardo se estaba escondiendo en el armario. Recompuso[8] el rosario que tapaba las bisagras, fue a la mesa donde trabajaba su marido y retiró todo lo que estaba escrito a mano. Abrió el balcón de par en par para dejar entrar la primavera y, procurando no hacer ruido, 20 fue hasta la puerta de la entrada. Permaneció escuchando, espe-rando algún sonido que identificara al visitante, pero, de repente, un nuevo timbrazo la sobresaltó tanto que no pudo evitar que se escapara un grito sofocado.

---

1 reconvenir a alg. por a/c: criticar a alg. por a/c
2 la disipación de mi conducta: *hier* mein pflichtvergessenes Verhalten
3 la desazón: la inquietud, el malestar
4 el salmo: Psalm (poetischer Kurztext im Alten Testament)
5 Son tus pechos dos crías de gacela paciendo entre azucenas: Deine Brüste sind wie zwei Kitzlein einer Gazelle, die unter Lilien weiden (Hoheslied 4,5)
6 el estruendo: el ruido
7 Keats: John Keats (1795–1821), uno de los principales poetas ingleses del Romanticismo
8 recomponer: *aquí* poner en su sitio

Era el hermano Salvador. Su cara redonda y una calvicie incipiente[1] estaban al otro lado de la mirilla[2] sonriendo con los labios apretados y unos ojos semicerrados con un gesto que quería ser beatífico[3] e implorante. Elena abrió la puerta y él entró salmodiando[4] buenos días, buenos días, buenos días...

Ya dentro preguntó si podía pasar y, sólo entonces, Elena cerró la puerta diciendo «Pase, hermano» y le acompañó hasta el comedor. No le invitó a sentarse, pero él se sentó de todos modos y aludió al tremendo calor que daba la sotana. Ella le ofreció agua, pero el rostro del huésped recuperó la sonrisa beatífica y sugirió que, quizás, un poquito de vino.

Cuando Elena regresó de la cocina con la botella y un vaso, el religioso tenía unos libros en la mano que había cogido del aparador. Farfulló[5] algo sobre la lectura y la soledad y levantó con un «a su salud, Elena» el vaso que ella le había servido. Bebió a tragos cortos y rápidos para terminar con un chasquido[6] de la lengua sonoro y grosero que se resolvió en una vaharada[7] prolongada que pretendía ser un elogio[8] del Valdepeñas[9]. Quería hablarle de Lorenzo.

—¿Le ha pasado algo?

—No, no, todo lo contrario. Es un magnífico muchacho. Podría ser el primero de su clase, pero su timidez... —Y comenzó una larga disertación sobre el aprendizaje de la vida, la gallardía[10] necesaria para ser el mejor, un «*primum inter pares*[11]», el mejor ante los ojos de Dios—. Quizá la ausencia de su padre...

---

1 la clavicie incipiente: *hier* schütteres Haar, Glatzenansatz
2 la mirilla: Türspion
3 beatífico/-a: *aquí* amable
4 salmodiar: *peyor.* hablar de manera monótona
5 farfullar: *peyor.* hablar muy deprisa entre dientes
6 el chasquido: Schnalzen
7 la vaharada: Atemzug
8 el elogio: Lob; *hier* Zeichen der Anerkennung
9 el Valdepeñas: vino tinto procedente del municipio de Valdepeñas (provincia de Ciudad Real)
10 la gallardía: el valor
11 primum inter pares: *lat.* korrekt «primus inter pares» (Erster unter Gleichen)

El silencio de Elena propició[1] una verborrea[2] del religioso que habló del sacrificio de la enseñanza, de las satisfacciones que daba, de la obligación de detectar a los mejores para proporcionarles la energía necesaria y que llegaran a ser adalides[3] de las grandes causas.

—Yo podría conseguir que ingresara en el seminario.

Elena no pudo evitar una sonrisa.

—¡Pero si es sólo un niño!

—Encauzar[4], encauzar, Elena, ésa es nuestra obligación y lo que se espera de nosotros. Eso no le compromete a nada. Tendría una formación excelsa[5], una preparación para el futuro que, si Lorenzo así lo desea, no tiene por qué terminar cantando misa. Míreme a mí, he estado doce años en el seminario y creo que ya no quiero ser sacerdote...

—¿Usted no es sacerdote?

—¡No, mujer! Soy sólo diácono[6], servidor de la Iglesia, pero algún día encontraré a alguien con quien formar una familia...

Quizá por disipar[7] el gesto de sorpresa que se había apoderado del rostro de Elena, preguntó por el retrete[8]. Elena, solícita[9], le indicó dónde estaba y aprovechó el momento para comprobar que no había señales de la presencia de Ricardo en aquella casa. Poco a poco se habían acostumbrado a eliminar todo vestigio de su presencia y, desde el tabaco al que había renunciado para evitar

---

1   propiciar: hacer posible
2   la verborrea: Wortschwall
3   el adalid: *hier* Vorkämpfer/in
4   encauzar: lenken; *hier* auf den richtigen Weg bringen
5   excelso/-a: excelente
6   el diácono: Diakon (geistliches Amt, das in der Hierarchie der römisch-katholischen Kirche unter dem Priesteramt angesiedelt und nicht vom Zölibat betroffen ist)
7   disipar: hacer desaparecer
8   el retrete: el baño
9   solícito/-a: *hier* zuvorkommend, höflich

explicaciones en los despachos[1] de la cartilla de racionamiento[2], hasta los cuadernos manuscritos que su marido utilizaba para sus traducciones literarias, pasando por la ropa que nunca se tendía y se secaba con la plancha, la vida de Ricardo se había resuelto como
5 la del aire: estaba pero no ocupaba lugar en el espacio.

Cuando el hermano Salvador salió del cuarto de baño, llevaba en la mano la cuchilla de afeitar[3] que utilizaba Ricardo. La insolente mirada del diácono columpiándose[4] de la cuchilla a los ojos de Elena y de los ojos de Elena a la cuchilla se convirtió en un inter-
10 rogatorio silencioso donde se atropellaban[5] todas las preguntas y se atoraban[6] todas las respuestas.

—¿Y esto?

—Es una cuchilla de afeitar.

—Eso ya lo veo. No me irá a decir que Lorenzo ya se afeita.

15 Las zozobras[7] de Elena desembocaron en una carcajada[8] sofocada entre las manos y la ira que se reflejaba en su rostro pudo confundirse con un sonrojo[9] pudoroso.

—¡Ay, hermano, qué poco sabe usted de las mujeres! ¿Nunca le han dicho que nos afeitamos las piernas cuando se acerca el verano?

20 Ni ella misma pudo explicarse de dónde sacó la energía necesaria para guiñar un ojo[10] y sonreír al mismo tiempo.

—Es uno de los secretos de nuestra coquetería.

—¿Usted se afeita las piernas?

—¡Claro! Casi todas las mujeres lo hacen —dijo y, como si quis-
25 iera aportar una coartada[11] que justificara su inocencia, se levantó

---

1 el despacho: *hier* Ausgabe
2 la cartilla de racionamiento: Lebensmittelkarte
3 la cuchilla de afeitar: Rasiermesser
4 columpiarse: hin- und herwandern
5 atropellarse: *hier* sich überstürzen
6 atorarse: stecken bleiben
7 las zozobras: *aquí* el miedo
8 la carcajada: Lachen, Gelächter
9 el sonrojo: Erröten
10 guiñar un ojo: zwinckern
11 la coartada: Alibi

las faldas hasta la altura de la rodilla para mostrarle que lo que afirmaba era cierto.

Entonces fue cuando el hermano Salvador, teniendo la cuchilla de afeitar en una mano, avanzó lentamente hacia Elena mirando fijamente las piernas que dejaban ver las faldas remangadas[1], se inclinó ante ella y, como si fuera a rescatar un cachorro[2] abandonado, abarcó[3] su pantorrilla[4] suavemente con la otra.

El contacto viscoso[5] de aquella mano húmeda, la figura de aquel fraile acariciando reverentemente su pantorrilla, su piel erizada[6] por el asco, el miedo a gritar, la indefensión y la ira lograron que Elena maldijera[7] su atractivo[8].

En la periferia[9] de mi universo había un solar[10] convertido en escombrera[11]. Estaba junto al cine Argel y desde él se oían las bandas sonoras[12] de las películas que proyectaban a través de unas puertas de zinc que daban al descampado[13]. No sé por qué, en el recuerdo tengo ligado aquel inhóspito[14] paisaje al descubrimiento de lo prohibido.

Junto al portal de mi casa estaba perpetuamente abierta una carbonería[15] regentada por un asturiano enorme y bonachón[16], con una dentadura perfecta y blanca que reful-

---

1   remangado/-a: hochgekrempelt; *hier* hochgezogen
2   el/la cachorro/-a: cría del perro
3   abarcar: agarrar con la mano
4   la pantorilla: Wade
5   viscoso/-a: *hier* klebrig, schleimig
6   la piel erizada: Gänsehaut
7   maldecir: verfluchen
8   el atractivo: *aquí* el encanto, la atracción
9   en la periferia: *hier* am Rande
10 el solar: Grundstück
11 la escombrera: Trümmerhaufen, Schutt
12 la banda sonora (de una película): Filmmusik
13 el descampado: *hier* brachliegendes Grundstück
14 inhóspito/-a: poco acogedor/a
15 la carbonería: Kohlenhandlung
16 bonachón/-ona: bondadoso/-a, amable

gía[1] en su rostro indefectiblemente tiznado de carbonilla[2].
Se llamaba Ceferino Lago y le recuerdo moviendo sin cesar
sacos de cisco[3], astillas[4] y carbón de encina[5]. Su mujer,
Blanca, era en realidad su viuda. Siempre iba vestida de
5 alivio[6], guardaba silencio y un eterno gesto compungido[7]
movía a sus clientes a darle el pésame[8] aunque nadie supi-
era de alguna defunción[9] reciente en su familia.
    Los carboneros tenían dos hijos, Luis, un muchacho ya
con una sabiduría engolada[10] acerca de las cosas del mundo
10 —era capaz de detectar una puta en una mujer que fumaba—
y otro cuyo nombre no recuerdo (¿Juan?), de cuya infinita
capacidad de ira nunca lograré olvidarme. Tenía los mismos
dientes que su padre aunque mayores[11], de forma que, aun
con la boca cerrada, asomaban[12] entre los labios carnosos,
15 flácidos y húmedos. Pues bien, este vástago del carbonero,
siete u ocho años mayor que nosotros, se complacía[13] en
llevarnos al solar para que pudiéramos oír las bandas sonoras de las películas cuatro, es decir, gravemente peligrosas.
Recuerdo que había una clasificación hecha por la autoridad
20 eclesiástica que nunca logré entender: las películas autor-
izadas, que se proyectaban raramente, las tres, las tres con
reparos[14] y las cuatro.

---

1 refulgir: brillar
2 tiznado/-a de carbonilla: rußgeschwärzt
3 el cisco: Kohlengrus (Kohlestückchen)
4 la astilla: *hier* Kohlensplitter
5 el carbón de encina: Holzkohle
6 ir vestido/-a de alivio: Trauer tragen
7 compungido/-a: triste
8 dar el pésame a alg.: jdm das Beileid aussprechen
9 la defunción: la muerte
10 engolado/-a: blasiert, selbstgefällig
11 mayor: *aquí* más grande
12 asomar: *hier* hervorstehen
13 se complacía en llevarnos…: le gustaba llevarnos…
14 con reparos: mit Vorbehalt

Ninguno entendíamos a qué se debía esta clasificación, pero era un mundo que no necesitaba explicaciones. En las taquillas de los cines[1], con las entradas, vendían unos cartoncillos[2] en los que había impresos unos escudos heráldicos[3] que llamábamos emblemas y costaban una perra gorda[4]. [5] **Tenían un troquel[5] triangular en la parte superior para que se sujetaran en el ojal de la solapa[6] y una explicación en el dorso donde se decía que el precio de ese emblema era una contribución voluntaria para la reconstrucción nacional. Tampoco entendíamos qué significaba todo aquello, pero** [10] **como todo el lenguaje era hiperbólico[7], Cruzada quería decir guerra, rojos significaba demonios, nacional quería decir vencedor, era natural[8] que voluntario quisiera decir obligatorio, dado que, aunque se llevara la entrada en la mano, el portero no permitía entrar en la sala si el emblema no estaba** [15] **bien expuesto.**

Nosotros no íbamos casi nunca al cine, pero, arrastrados por la autoridad física del hijo del carbonero, nos apostábamos[9] junto a las puertas de zinc que se utilizaban para ventilar el patio de butacas[10]. [20]

Escuchábamos con reverencia aquellos diálogos sin sentido y la música que envolvía aquellas voces sin comprender absolutamente nada, pero él, el hijo del carbonero cuyo nombre no recuerdo, saltaba de repente riendo nerviosa-

---

1 la taquilla (del cine): Kinokasse
2 el cartoncillo: Kärtchen
3 el escudo heráldico: Wappenschild
4 la perra gorda: nombre con el que se denominaba a la moneda española de 10 céntimos de peseta
5 el troquel: Ausstanzung, Lochung
6 el ojal de la solapa: Reversknopfloch
7 hiperbólico/-a: (extrem) übertrieben, *hier* umgedeutet
8 natural: *hier* selbstverständlich
9 apostarse (o>ue): *aquí* ponerse
10 el patio de butacas: Parkettsitze

mente y haciendo gestos que hoy tacharía de procaces[1] pero
entonces me parecían simplemente desvaríos[2].

A través de él me llegaron los primeros conceptos de algo
que tuve que ocultar a mis padres. Los secretos me unían a
5 la gente como las raíces unen los árboles a la tierra. Nunca
supe exactamente en qué consistía mi secreto, pero mientras
otros niños creían en la Virgen o en Franco, o en el Papa o en
la Patria, yo creía en mis secretos. Tenía la sensación de que
me estaba haciendo sabio. Comencé a comprender frases
10 escritas en los urinarios[3] del colegio y a detectar el porqué
de ciertos gestos reflejados en las carteleras de los cines,
aunque al mismo tiempo surgió la idea de mi padre haciendo todo aquello con mi madre a mis espaldas. Que él se
dejara crecer la barba, que ella se la recortara los días que
15 encendían el fogón —y sólo ésos—, que él encaneciera[4], que
ella se consumiera en una tristeza pegajosa y sombría, me
parecían síntomas de que algo funesto[5] se fraguaba[6] en mi
refugio. En aquel ovillo[7] de moralidades, el cuerpo estaba
proscrito[8] y las sensaciones que a través de él percibíamos
20 eran buenas si eran fruto del dolor o, a nada de placer que
produjeran[9], eran malas. La salud tenía que ver con el sacrificio mientras que la enfermedad sobrevenía[10] siempre por la
satisfacción de los instintos. Algo se nos ocultaba a los niños,
que no sabíamos qué hacer con nuestro cuerpo.

25 Aunque terminaba venciéndome el sueño, a veces fingía
dormir, pero prestaba atención a cuándo pecaban mis

---

1 procaz: unverschämt, *hier* unsittlich
2 desvarío/-a: irre, wirr
3 el urinario: Pissoir
4 encanecer (c>zc): ergrauen
5 funesto/-a: fatal, horrible
6 fraguarse: *aquí* pasar, ocurrir
7 el ovillo: *fig.* Wirrwarr
8 estar proscrito/-a: ser un tabú
9 a nada de placer que produjeran: *etwa* egal wie viel Vergnügen sie bereiteten
10 sobrevenir: aparecer, producirse

padres, porque, pensaba yo, algo tenían que hacer para estar tan degradados[1].

Ahora recuerdo con nostalgia[2] su silencio.

¡Qué arduo[3], *Padre, haber vencido para ser víctima de nuevo! Toda la satisfacción que me produjo durante tres años formar parte de los* 5 *elegidos para encauzar el agua estigia[4], toda la gloria, se fue convirtiendo poco a poco en un fracaso: fracaso al cambiar mi sotana por el uniforme del guerrero, fracaso por ocultar la altivez[5] del cruzado tras la arrogancia de la gleba[6], fracaso por disfrazar mi vocación bajo la sedición[7] de una concupiscencia[8] incontenible[9] y fracaso, al fin, por* 10 *ignorar que aquello que quería seducir me estaba seduciendo. Mi obsesión era simplemente estar un momento solo con Elena. Por fin, un día, la encontré en su casa y le hice una visita formal para pedirle que entregara a su hijo a los cuidados paternales de la Iglesia. Mantuvimos una conversación al respecto y, de repente, sin saber cómo, me encon-* 15 *tré postrado de hinojos[10] ante ella. Por razones que no vienen al caso, Elena había preterido[11] su ñoñería[12] para mostrarse ante mí con una carnalidad[13] inaccesible que desbarató[14] con un solo gesto todas mis convicciones. La belleza melancólica y conmovedora del Mal, Padre, provoca más adoración que miedo. Y mi alma emprendió un camino* 20

---

1   desgradado/-a: gedemütig, entwürdigt
2   con nostalgia: *hier* wehmütig, traurig
3   arduo/-a: difícil, penoso/-a
4   el agua estigia: der Fluss Styx (in der griechischen Mythologie stellt der Styx die Grenze zwischen der Welt der Lebenden und dem Totenreich dar; seinem Wasser wir eine todbringe Wirkung nachgesagt)
5   la altivez: Überheblichkeit, Hochmut
6   la gleba: *hier* Talar, Ordensgewand
7   la sedición: Aufruhr
8   la concupiscencia: sinnliches Verlangen, Begierde
9   incontenible: incontrolable
10 postrado/-a de hinojos: de rodillas
11 preterir (e>i): *hier* ablegen
12 la ñoñería: *aquí* la reserva, la timidez
13 la carnalidad: Fleischeslust
14 desbaratar: arruinar, destruir

sola sub nocte per umbram[1], *¿recuerda?, abandonada en la oscu-*
ridad de una noche que yo desconocía. Porque Elena me atrajo y me
rechazó al mismo tiempo. Enloquecí[2] y no estoy seguro de haber recu-
perado todavía la cordura[3].

5   Elena, tenemos que escapar. Sí, nos iremos. Podemos dejar al
niño con tus tíos en Méntrida[4]. Si nos escapamos lo haremos los
tres. Bueno, pero tenemos que escaparnos ya. Sí. No podemos vivir
de esta manera. No, no podemos. Tenemos algo ahorrado. Mis tíos
me prestarán algo de dinero. No, no les pidas nada, se pondrán a
10   investigar qué es lo que pasa. Bueno, no les pediré. ¿Cómo lo haremos? Viajes muy cortos en autobuses de línea. Nunca más de
cincuenta kilómetros. Hay menos controles en el autobús que en
el tren. Tardaremos una eternidad de esa manera. Tardaremos lo
que haya que tardar. Lo importante es escapar. Los tres. Los tres,
15   mi amor. Mi amor. Tenemos que llegar a Almería, allí hay pesque-
ros que pasan fugitivos a Marruecos por trescientas pesetas. ¿Y de
dónde vamos a sacar ese dinero? Venderé todo lo que pueda. ¿También el pez de Murano que te dejó tu padre? También. No podremos
llevar nada con nosotros. Nada. Siempre has dicho que era nuestro
20   talismán. Nuestro talismán se ha muerto. Elena, amor mío. Amor.
     Al día siguiente, Lorenzo llevó una carta dirigida al hermano
Arcadio advirtiendo que el niño tendría que dejar de asistir a clase
porque iba a someterse a una operación de amígdalas[5]. Un proceso
infeccioso aconsejaba un tratamiento previo a la intervención y su
25   ausencia podría prolongarse hasta dos semanas. La carta llegó a
manos del hermano Salvador, que preguntó al niño por qué ya no le
acompañaba su mamá al colegio.

---

1   sola sub nocte per umbram: *lat.* in einsamer Nacht durch den Schatten (Vers
       aus der «Aeneis» des römischen Dichters Vergil [70 v. Chr. - 19 v. Chr.])
2   enloquecer (c>zc): volverse loco/-a
3   la cordura: Vernunft, Verstand
4   Méntrida: pueblo en la provincia de Toledo, cerca de Madrid
5   las amígdalas: Mandeln (im Rachen)

—Mi madre también tiene anginas[1]. A lo mejor se muere.

Por la misma razón por la que nunca pregunté por qué mi padre vivía en un armario, dado que esas cosas ocurrían en la otra parte del espejo, nunca pregunté por qué mi madre dejó de acompañarme hasta el colegio. Primero me dejaba a 5
dos manzanas y yo recorría solo el último tramo. Luego me acompañaba hasta el cruce de Alcalá y la calle Goya, y al final ni siquiera salía de casa cuando me mandaban al colegio.

Habló con las taquilleras[2] del Metro para que me permitieran pasar por el subsuelo el único cruce peligroso que 10
había en el trayecto, ya que, aunque había muy pocos vehículos circulando en aquella época, allí desembocaban varias calles por las que se circulaba a mayor velocidad, seguramente por su anchura. Descubrí que el Metro olía a ropa usada, tenía la temperatura del aliento y estaba iluminado 15
con la misma luz que suele haber en la habitación donde se mueren los enfermos.

A veces, si salía con tiempo suficiente, bajaba a los andenes y esperaba la llegada del tren. Aquellos túneles eran el lugar donde se escondían los leprosos[3] y los chirridos[4] de 20
las ruedas me parecían sus gritos de dolor cuando el tren los aplastaba. Me atraían tanto como me horrorizaban los arcos[5] de las bocas negras de los túneles porque mi mundo estaba en una encrucijada[6] a la que podían llegar todos los males. Ahora sé que tenía miedo. 25

Mi padre salía cada vez menos de su armario. Se quedaba encerrado aunque estuviéramos solos en casa. A mí eso me

---

1 tener anginas: eine Halzentzündung haben
2 el/la taquillero/-a: Fahrkartenverkäufer/in
3 el/la leproso/-a: Aussätzige/r; Leprakranke/r
4 el chirrido: Quietschen
5 el arco: Bogen (des Tunneleingangs)
6 estar en una encrucijada: am Scheideweg stehen

gustaba porque al regresar del colegio me acurrucaba[1] junto a él y su silencio. Permanecíamos así durante horas hasta que mi madre rompía la quietud para darme un mendrugo[2] de pan con chocolate.

5   Sobre aquel chocolate de arenisca[3] oscura todos mis coetáneos[4] podríamos escribir un libro de trucos para hacerlo comestible: beber leche cuando estaba a medio masticar[5], mojar el pan en agua para que el polvillo del chocolate se compactara o, lo que era más frecuente, roerlo[6] poco a poco 10 dejando tiempo para que se segregara más saliva.

    A medida que pasaban los días, mi padre estaba cada vez más tiempo en el armario. Llegó un momento en que mi madre y yo comíamos en la mesa de la cocina y él en su escondite. Masticaba con una parsimonia desesperante, como si 15 quisiera evitar el ruido que hace el pan de centeno cuando se muerde. Todo empezó a impregnarse de tristeza. Me sentí culpable porque aquel armario comenzó a adquirir el olor del Metro y a mí me parecía que eso terminaría atrayendo a los leprosos.

20   Sin embargo, ir y venir yo solo del colegio me proporcionaba momentos de emoción llenos de audacia[7]. Podía detenerme en cualquier escaparate o mirar con descaro a los más débiles. Por la mañana, a la ida, solía bajar a los andenes del Metro; al regreso me paraba a observar a una anciana corco-25 vada[8] que cogía puntos a las medias[9] con una aplicación[10] tal que, si no hubiera sido por el movimiento incesante de

---

1   acurrucarse junto a alg.: ponerse al lado de alg.
2   el mendrugo: el trozo de pan
3   la arenisca: Sandstein
4   el/la coetáneo/-a: compañero/-a de la misma edad
5   a medio masticar: halb zerkaut
6   roer: (ab)nagen; *hier* an etw. knabbern
7   la audacia: Wagemut, Nervenkitzel
8   corcovado/-a: bucklig
9   coger puntos a las medias: Laufmaschen reparieren
10   la aplicación: *hier* Fleiß, Hingabe

su mano, habría jurado que era de madera, como los santos
que había en el altar de la iglesia. De regreso al colegio tras
el almuerzo, volvía a descender a los infiernos del Metro y, al
volver a casa por la tarde, improvisaba un camino que indefectiblemente[1] pasaba por una explanada[2] que todos llam-   5
aban la Plaza de Toros Vieja. Allí fue donde descubrí que el
hermano Salvador me seguía vestido de paisano[3].

*Herido, Padre, en la llaga[4] de mi orgullo y avergonzado al mismo
tiempo por las obsesiones que estaban cuestionando mi vocación sacerdotal, pedí autorización en el colegio para abandonar momentán-*   10
*eamente[5] el convento y el colegio. Con la ayuda que me proporcionó
mi familia, me instalé en una pensión que regentaba una anciana
devota de Santa Gema[6]. Fue entonces cuando comencé a sentirme un
desposeído[7]. Mi Fe, mi vocación, mi Victoria, mi hombría, me habían
sido arrebatadas[8] por una mujer que me negaba lo que nunca llegué a*   15
*pedirle. Pero me lo estaba negando desde su fracaso, desde su impie-
dad[9], desde su derrota y, ahora lo reconozco, desde su belleza. ¿Cómo
una mujer desbaratada por tantos fracasos podía permanecer insen-
sible a todos mis desvelos[10]? Necesitaba una respuesta.*

→ **Tareas C**   20

Poco a poco los muebles que quedaban en la casa de los Mazo
fueron desapareciendo. Un quincallero[11] se llevó el perchero[12]

---

1   indefectiblemente: inevitablemente
2   la explanada: la plaza
3   vestido/-a de paisano: in Zivil, in Alltagskleidung
4   la llaga: la herida
5   momentáneamente: temporalmente
6   Santa Gema: Santa Gema Galgani (1878–1903), una joven pasionista italiana,
        venerada como santa por la Iglesia católica
7   el/la desposeído/-a: Enteignete/r, Besitzlose/r
8   arrebatar: entreißen
9   la impiedad: desprecio a la religión
10 los desvelos: *hier* Annäherungsversuche
11 el/la quincallero/-a: Eisenwarenhändler
12 el perchero: Garderobenständer

de castaño, una vecina amable y cómplice que vivía en el ático[1]
compró la máquina de coser, un ropavejero[2] pagó una miseria
por las sábanas de lino y una colcha de ganchillo[3] que, desde que
integraron el ajuar[4] de su abuela, no se habían usado más que en
aquella noche de bodas, en la de su madre y en la de Elena. Todavía
olía a pasión y a naftalina[5]. La pareja[6] de esa colcha se la había
regalado a su hija cuando huyó con aquel adolescente poco antes
de que terminara la guerra. La mesa del comedor no la quiso nadie
porque era demasiado grande y la máquina de escribir se la quedó
un contable[7] de la empresa hispanoalemana para la que hacía traducciones.

La posibilidad de que Ricardo enfermara convertía la huida en
algo urgente. Todos sus amigos sin excepción habían muerto o se
habían exiliado y no tendrían oportunidad de recurrir a nadie en
caso de que el abatimiento[8] de su marido degenerara en algo más
grave.

Ya casi habían reunido el dinero para emprender el viaje pero
aquella casa desolada iba encerrando a Ricardo en el armario hasta
el punto de que ni para dormir salía. El niño, que ya no iba al colegio, se pasaba las horas junto a su padre leyéndole pasajes de Lewis
Carroll[9] para arrancarle una sonrisa y guardando silencio cada vez
que el ascensor se paraba en el tercero. Y llegó un día de silencios
y vacíos en que alguien llamó al timbre, aguardó la respuesta que
no llegó e insistió con timbrazos prolongados que suspendieron

---

1   el ático: Dachgeschoss
2   el/la ropavejero/-a: Tuchhändler/in
3   la colcha de ganchillo: Häkeldecke
4   el ajuar: Aussteuer
5   la naftalina: *hier* Mottenkugel
6   la pareja: *hier* das zweite Exemplar
7   el/la contable: Buchhalter/in
8   el abatimiento: la depresión, la apatía
9   Lewis Carroll: fotógrafo y escritor británico (1832–1898), autor del libro
infantil «Alicia en el país de las maravillas»

todos los latidos[1]. La puerta aporreada[2] y los gritos retumbando en la escalera pusieron en marcha los mecanismos de fuga sin huida: Ricardo se encerró en su armario, Lorenzo se refugió en la cocina y Elena se atusó los cabellos antes de descorrer el resbalón[3]. El hermano Salvador vestido de seglar[4], destartalado[5] y turbio, se quedó inmóvil ante la visión de Elena sorprendida por el fragor[6] de la visita.

—Vengo a ver a Lorenzo. ¿Cómo está?

Ahora lamento no haber dicho a mis padres que el hermano Salvador me vigilaba, porque el día que se presentó en casa de improviso no estaban prevenidos[7]. Llegó dando patadas[8] a la puerta y gritando. Mi madre no tuvo más remedio que dejarle pasar. Recuerdo que la casa estaba casi sin muebles porque se los estaba llevando gente desconocida por razones que no me atreví a preguntar pero que yo atribuía a su pobreza y no a la nuestra.

Entró como una exhalación[9] llamándome y no dejó de vociferar[10] hasta que me encontró en la cocina fingiendo leer *Alicia en el País de las Maravillas*. Me preguntó cómo estaba, me arrancó el libro de las manos, me lo devolvió inmediatamente y me pidió, sin esperar mi respuesta, que le dejara hablar un momento con mi madre.

---

1   suspender los latidos: *hier* das Herz stillstehen lassen
2   la puerta aporreada: *hier* das Hämmern an der Tür
3   descorrer el resbalón: den Türriegel zurückschieben
4   vestido/-a de seglar: in Zivil, in Alltagskleidung
5   destartalado/-a: descuidado/-a, sucio/-a
6   el fragor: el ruido
7   prevenido/-a: *hier* vorgewarnt
8   dar patadas a la puerta: an die Tür hämmern
9   como una exhalación: wie ein Blitz
10 vociferar: gritar

Durante muchos años me ha atormentado el remordimiento[1] por haber invocado[2] a los leprosos para que se comieran a ese energúmeno[3] que estaba haciendo daño a mi madre, porque cuando acudí aterrorizado al oír sus gritos,
5 **vi cómo mi padre, desangelado[4] e impotente, se abalanzaba[5] sobre el hermano Salvador que estaba a horcajadas[6] sobre ella, que se protegía el rostro con las manos para evitar el aliento de aquel puerco[7] que hocicaba[8] en su escote[9]. Mi padre había salido del armario.**

10 Sine sanguinis effussione, non fit remissio[10], *es cierto, no hay perdón si no se derrama sangre. Ahora comprendo todo el significado de esa Epístola a los hebreos[11]. Dios me había utilizado como herramienta de su justicia. Por eso me alineé[12] con los que conquistaron imperios, con los que taparon la boca a los leones,* obturaverunt ora leonum[13],
15 *con los que escaparon al filo de la espada,* effugerunt aciem gladii[14]. *¡Saulo, Saulo[15]! Como Gedeón, como Barac, como Jefté y como el mismo*

---

1 el remordimiento: Gewissensbisse
2 invocar a alg.: llamar a alg.
3 el/la energúmeno/-a: el/la loco/-a
4 desangelado/-a: *hier* unbeholfen
5 abalanzarse sobre alg.: sich auf jdn stürzen
6 a horcajadas: rittlings
7 el puerco: *fig.* Schwein
8 hocicar: wühlen
9 el escote: Dekolleté, Ausschnitt
10 sine sanguinis effussione, non fit remissio: *lat.* ohne Blutvergießen gibt es keine Vergebung (Hebr 9, 22)
11 la Epístola a los hebreos: Brief an die Hebräer (Buch des Neuen Testaments)
12 alinearse con alg.: sich jdm anschließen
13 obturaverunt ora leonum: *lat.* die den Löwen das Maul gestopft haben (Hebr 11, 33)
14 effugerunt aciem gladii: *lat.* die der Schwertklinge entkommen sind (Hebr 11, 31)
15 Saulo: Saulus bzw. Paulus (ca. 10 v. Chr. – ca. 60 n. Chr.), nach dem Neuen Testament der bedeutendste Missionar des Urchristentums

Sansón[1] tuve en mi mano el arma para castigar a los que, desoyendo la voluntad de Dios, se patriam inquirere[2], todavía buscan patria.

Llevado por un vigor en el que aún no me reconozco, Padre, arremetí contra[3] el templo bien guardado que esa mujer me tenía vedado. Y bastó un gramo[4] de mi ira para que saliera de su escondite el instigador del mal[5], el abyecto organizador de ese entramado de mentiras[6]. El marido de Elena estaba oculto en esa casa.

Gritando algo ininteligible, Ricardo se abalanzó sobre el hermano Salvador, que logró incorporarse llevándole sobre sus espaldas sin comprender lo que estaba ocurriendo. Cuando logró zafarse[7] de aquel aparecido que se aferraba a su cuello como si quisiera estrangularle, le bastó un manotazo[8] para que su agresor volara literalmente por los aires. Durante unos instantes prevaleció el estupor sobre la ira y el religioso vestido de seglar se volvió hacia Lorenzo, que estaba inmóvil en la puerta, y le preguntó:

—¿Quién es ese hombre?

—Es mi padre, hijo de puta —contestó el niño, y corrió junto a Elena, que acababa de romper en un llanto agónico y caminaba a gatas[9] para socorrer a su marido.

Fue entonces cuando el hermano Salvador comenzó a gritar reclamando la presencia de la policía mientras reculaba[10] por el pasillo

---

1   Gedeón, Barac, Jefté, Sansón: Gideon, Barak, Jephtah und Samson sind Gestalten aus dem «Buch der Richter» des Alten Testaments, die in Gottes Auftrag kämpften

2   se patrium inquirere: *lat.* die noch eine Heimat suchen (Hebr 11, 14)

3   arremetir contra a/c

4   el gramo: *hier* Funke

5   el/la instigador/a: Urheber/in, Anstifter/in

6   el entramado de mentiras: Lügengeflecht

7   zafarse de alg.: *hier* jdn abschütteln

8   el manotazo: golpe dado con la mano

9   a gatas: auf allen Vieren

10   recular: ir hacia atrás

con los brazos extendidos como si quisiera cortar el paso[1] a un ejército de demonios en fuga.

Mi padre parecía un alfeñique[2] comparado con la corpulencia del hermano Salvador. Mi madre se arrodilló junto al
5 **cuerpo tendido de mi padre y cuando me acerqué me acogió en el amasijo[3] desvalido que formaba y mantuvo nuestros cuerpos apretados como si quisiera ocultarnos de todas las miradas. Cuando mi padre tuvo fuerzas suficientes para abrazarnos a su vez, los tres comenzamos un llanto que lo**
10 **recuerdo como si hubiera durado varios años. Pero no hubo años para todos. El armario, el escondite, las mentiras y todos los silencios habían llegado a su fin.**

Ricardo logró levantarse a duras penas[4] porque la debilidad, el dolor y el peso de su mujer y de su hijo se lo impedían, pero cuando
15 comprobó que podía caminar, avanzó por el pasillo siguiendo el sonido de los gritos del diácono, que había abierto todas las ventanas y pedía a gritos que alguien avisara a la policía.

Poco a poco fueron apareciendo rostros detrás de los visillos en las ventanas del patio, pero ninguna se abrió por si aquella locura se
20 metía en sus hogares.

Sentí la fuerza de Yavhe[5] en mi brazo y la ira de mi Patria en la garganta, pero yo quería justicia, no venganza. El Maligno quiso trocar[6] mi orgullo en remordimiento y buscó la forma de humillarme.

---

1 cortar (o>ue) el paso a alg.: jdm den Weg versperren
2 el alfeñique: *hier fig.* Bohnenstange
3 el amasijo: *hier* Umarmung
4 levantarse a duras penas: sich hochrappeln
5 la fuerza de Yavhe: Gottes Stärke («Jawhe» ist der Eigenname Gottes im Alten Testament)
6 trocar a/c en a/c: convertir a/c en a/c

Ahora ya no sé lo que recuerdo, porque aunque veo a mi padre sentado a horcajadas en el alféizar[1] de una de las ventanas del pasillo, aunque le oigo despedirse de nosotros con una voz dulce y serena, mi madre dice que se arrojó al vacío[2] sin pronunciar una palabra.

5

Se suicidó, Padre, para cargar sobre mi conciencia la perdición[3] eterna de su alma, para arrebatarme la gloria de haber hecho justicia.

Ricardo dudó un instante antes de arrojarse a aquel patio del que llevaba tanto tiempo protegiéndose. Se tomó, ya vencido hacia el vacío[4], el tiempo suficiente para mirar a Elena y a su hijo con una sonrisa triste como las que suelen usarse en las despedidas tristes.

10

Debe de tener razón ella, porque no he podido olvidar nunca la mirada de mi padre precipitándose[5] al vacío, su rostro sonriente mientras el patio engullía[6] su cuerpo abandonado, aunque esto es imposible porque mi estatura no me permitía[7] entonces asomarme a esa ventana.

15

Aquí termina mi confesión, Padre. No volveré al convento y trataré de vivir cristianamente fuera del sacerdocio. Absuélvame[8] si la misericordia del Señor[9] se lo permite. Seré uno más en el rebaño, porque en el futuro viviré como uno más entre los girasoles ciegos.

20

---

1 el alféizar: Fensterbank
2 arrojarse al vacío: *hier* sich in die Tiefe stürzen
3 la perdición: *hier* ewige Verdammnis
4 ya vencido hacia el vacío: *etwa* bereits entschieden zu springen
5 precipitarse al vacío: *hier* in die Tiefe stürzen
6 engullir: *lat.* comerse, tragar
7 mi estatura no me permitía entonces…: *etwa* ich war damals noch nicht groß genug, um…
8 absolver (o>ue) a alg.: jdm die Absolution erteilen, jdn von seinen Sünden lossprechen
9 la misericordia del Señor: die Gnade des Herrn

Tareas A

Lee de una vez las secciones puestas en negrita (saltándote las que están puestas en cursiva y en letra normal). Estas secciones forman el hilo conductor de la historia:

1. Presenta al narrador. ¿Qué llegas a saber de él?
2. Describe el «mundo» (p. 79, l. 19) del que se acuerda el narrador.
3. «[Y]o tenía un padre escondido en un armario» (p. 80, l. 18). Haz hipótesis para explicar esta afirmación.

Lee las secciones puestas en letra normal:

4. Explica la perspectiva narrativa, comparándola con la de las partes en negrita.
5. Resume lo que llegas a saber de la familia Mazo.
6. Analiza cómo se presenta el piso de la familia (p. 81, l. 20 – p. 82, l. 23).
7. Examina las consecuencias que tiene el uso del piso como escondite.
8. Comenta la situación especial de los Mazo.

Lee las secciones puestas en cursiva:

9. Explica la perspectiva narrativa. ¿Quién habla? ¿A quién se dirige? ¿Qué motivación tiene para expresarse?
10. «Todo empezó con un alumno extraño entre los párvulos.» (p. 74, l. 14) Partiendo de esta afirmación, describe y explica los vínculos entre los narradores de la historia.

Tareas B

Continúa leyendo las secciones en negrita y en letra normal:

1. Resume lo que llegas a saber del registro en el piso de los Mazo.
2. Analiza cómo se presenta el interrogatorio a Elena.
3. Explica y comenta –partiendo del ejemplo (ficticio) de los Mazo–, la atmósfera que reinaba en España en la época (real) de la posguerra.

Lee las secciones puestas en cursiva:

4. Cuenta: ¿qué más llegas a saber de los Mazo?
5. «Decidí aproximarme más a ella, buscar más su contacto» (p. 100, l. 12). Partiendo de esta cita, examina los sentimientos del narrador por Elena.
6. Ponte en el lugar de Elena y redacta una entrada de diario. ¿Qué opinas de las tentativas de acercamiento del hermano Salvador?

Tareas C

Lee toda esta parte sin saltos y de manera global:

1. Resume muy brevemente los acontecimientos principales.
2. Presenta con pocas palabras los cambios que los narradores observan en Ricardo Mazo.
3. Explica cómo se desarrollan los sentimientos del hermano Salvador por Elena.
4. Considerando los resultados de 1–3, qué crees, ¿cómo terminará la historia de los Mazo?

Tareas D

Continúa leyendo sin saltos:

1. Resume el desenlace del relato.
2. Analiza cómo se presenta la muerte de Ricardo Mazo, teniendo en cuenta las técnicas narrativas y los recursos estilísticos utilizados.
3. Comenta los remordimientos del hermano Salvador.
4. Interpreta el título del relato: «Los girasoles ciegos».